Em defesa da escola
Uma questão pública

Coleção
Educação: Experiência e Sentido

Jan Masschelein
Maarten Simons

Em defesa da escola
Uma questão pública

Tradução
Cristina Antunes

2ª edição
7ª reimpressão

autêntica

Copyright © 2013 Jan Masschelein e Maarten Simons

Título Original: *In Defence of the School*

Todos os direitos reservados pela Autêntica Editora Ltda. Nenhuma parte desta publicação poderá ser reproduzida, seja por meios mecânicos, eletrônicos, seja via cópia xerográfica, sem a autorização prévia da Editora.

EDITORAS RESPONSÁVEIS
Rejane Dias
Cecília Martins

COORDENADORES DA COLEÇÃO
EDUCAÇÃO: EXPERIÊNCIA E SENTIDO
Jorge Larrosa
Walter Kohan

TRADUÇÃO
Cristina Antunes

REVISÃO
Kátia Trindade

CAPA
Jairo Alvarenga Fonseca
(Sobre imagem de Antonio Mancini,
O jovem aluno, de 1876.)

DIAGRAMAÇÃO
Conrado Esteves

Dados Internacionais de Catalogação na Publicação (CIP)
(Câmara Brasileira do Livro, SP, Brasil)

Masschelein, Jan
  Em defesa da escola : uma questão pública / Jan Masschelein, Maarten Simons ; tradução Cristina Antunes. -- 2. ed.; 7. reimp. -- Belo Horizonte : Autêntica, 2023.

  Título original: In Defence of the School.
  ISBN 978-85-8217-252-0

  1. Educação - Filosofia 2. Educação - Finalidades e objetivos I. Simons, Maarten. II. Título.

13-08202   CDD-370.1

Índices para catálogo sistemático:
1. Educação : Filosofia   370.1

Belo Horizonte
Rua Carlos Turner, 420
Silveira . 31140-520
Belo Horizonte . MG
Tel.: (55 31) 3465 4500

São Paulo
Av. Paulista, 2.073, Conjunto Nacional
Horsa I . Sala 309 . Bela Vista
01311-940 . São Paulo . SP
Tel.: (55 11) 3034 4468

www.grupoautentica.com.br
SAC: atendimentoleitor@grupoautentica.com.br

APRESENTAÇÃO DA COLEÇÃO

A experiência, e não a verdade, é o que dá sentido à escritura. Digamos, com Foucault, que escrevemos para transformar o que sabemos e não para transmitir o já sabido. Se alguma coisa nos anima a escrever é a possibilidade de que esse ato de escritura, essa experiência em palavras, nos permita liberar-nos de certas verdades, de modo a deixarmos de ser o que somos para ser outra coisa, diferentes do que vimos sendo.

Também a experiência, e não a verdade, é o que dá sentido à educação. Educamos para transformar o que sabemos, não para transmitir o já sabido. Se alguma coisa nos anima a educar é a possibilidade de que esse ato de educação, essa experiência em gestos, nos permita liberar-nos de certas verdades, de modo a deixarmos de ser o que somos, para ser outra coisa para além do que vimos sendo.

A coleção Educação: Experiência e Sentido propõe-se a testemunhar experiências de escrever na educação, de educar na escritura. Essa coleção não é animada por nenhum propósito revelador, convertedor ou doutrinário: definitivamente, nada a revelar, ninguém a converter, nenhuma doutrina a transmitir. Trata-se de apresentar uma escritura que permita que enfim nos livremos das verdades pelas quais educamos, nas quais nos educamos. Quem sabe assim possamos ampliar nossa liberdade de pensar a educação e de nos pensarmos a nós próprios, como educadores. O leitor poderá concluir que, se a filosofia é um gesto que afirma sem concessões a liberdade do pensar, então esta é uma coleção de filosofia da educação. Quiçá os sentidos que povoam os textos de Educação: Experiência e Sentido possam testemunhá-lo.

Jorge Larrosa e Walter Kohan *
Coordenadores da Coleção

---

* Jorge Larrosa é Professor de Teoria e História da Educação da Universidade de Barcelona e Walter Kohan é Professor Titular de Filosofia da Educação da Universidade do Estado do Rio de Janeiro (UERJ).

SUMÁRIO

9   Introdução

Capítulo 1
13 *Acusações, demandas, posições*
13 *I. Alienação*
14 *II. Consolidação de poder e corrupção*
16 *III. Desmotivação da juventude*
17 *IV. Falta de eficácia e empregabilidade*
19 *V. A demanda de reforma e a posição de redundância*

Capítulo 2
25 *O que é o escolar?*
30 *VI. Uma questão de suspensão*
    (ou libertar, destacar, colocar entre parêntesis)
37 *VII. Uma questão de profanação*
    (ou tornar algo disponível, tornar-se um bem público ou comum)
43 *VIII. Uma questão de atenção e de mundo*
    (ou abrir, criar interesse, trazer à vida, formar)
52 *IX. Uma questão de tecnologia*
    (ou praticar, estudar, disciplina)
66 *X. Uma questão de igualdade*
    (ou ser capaz de começar, in-diferença)
73 *XI. Uma questão de amor*
    (ou amateurismo, paixão, presença e mestria)

86 XII. *Uma questão de preparação*
(ou estar em forma, ser bem treinado,
ser bem-educado, testar os limites)

95 XIII. *E, finalmente, uma questão de responsabilidade pedagógica*
(ou exercer autoridade, trazer à vida, trazer para o mundo)

Capítulo 3

105 *Domando a escola*

109 XIV. *Politização*

114 XV. *Pedagogização*

116 XVI. *Naturalização*

122 XVII. *Tecnologização*

126 XVIII. *Psicologização*

128 XIX. *Popularização*

Capítulo 4

131 *Domando o professor*

137 XX. *Profissionalização*

146 XXI. *Flexibilização*

Capítulo 5

155 Experimentum scholae: *a igualdade do começo*

173 Obras citadas e consultadas

INTRODUÇÃO

Embora a escola tenha sempre permanecido como um símbolo de progresso e de um futuro melhor, suas origens não são sem máculas. Culpada de más ações desde o seu início nas cidades-estados gregas, a escola foi uma fonte de "tempo livre" – a tradução mais comum da palavra grega *skholé* –, isto é, tempo livre para o estudo e a prática oferecida às pessoas que não tinham nenhum direito a ele de acordo com a ordem arcaica vigente na época. A escola era, portanto, uma fonte de conhecimento e experiência disponibilizada como um "bem comum". Foi sorte da escola, ao longo da história, ter escapado da censura definitiva por juiz ou júri ou de ter sido privada de seu direito de existir. Ou, mais propriamente, durante uma grande parte da história, os esforços para punir as transgressões da escola foram correcionais: a escola era algo a ser constantemente melhorado e reformado. Era tolerada, desde que se submetesse a programas de ajuste ou se dedicasse ao serviço de um conjunto de ideais fixos (políticos e religiosos) e projetos já prontos (a construção da nação, as missões civilizadoras). A partir da segunda metade do século XX, no entanto, a própria existência da escola foi posta em questão. Radicais pró-"desescolarização" – talvez o mais famoso entre eles seja Ivan Illich – fizeram apelos influentes para liquidar a escola rapidamente, argumentando que as raízes do mal estavam na própria educação escolar e que a escola é criminosa na sua lógica institucional. Incorporada na escola, diz Illich, está a falsa ideia de que alguém realmente precisa da escola como instituição para verdadeiramente aprender. Nós aprendemos muito mais e muito melhor fora da escola, insiste ele. Mas, na época de hoje, de aprendizagem permanente e ambientes (eletrônicos) de aprendizagem, talvez se esteja permitindo que a escola tenha uma morte tranquila. Antecipa-se o desaparecimento da escola em razão da sua redundância como uma instituição dolorosamente desatualizada. A escola, assim continua o raciocínio, já não pertence a este tempo e época e deve ser completamente reformada. Todos os argumentos oferecidos em defesa da escola são descartados *a priori* como ineficazes, redundantes ou um mero palavreado conservador.

Nós nos recusamos, firmemente, a endossar a condenação da escola. Ao contrário, defendemos a sua absolvição. Acreditamos que é exatamente hoje – numa época em que muitos condenam a escola como desajeitada frente à realidade moderna e outros até mesmo parecem querer abandoná-la completamente – que o que a escola é e o que ela faz se torna claro. Também esperamos deixar claro que muitas alegações contra a escola são motivadas por um antigo medo e até mesmo ódio contra uma de suas características radicais, porém essencial: a de que a escola oferece "tempo livre" e transforma o conhecimento e as habilidades em "bens comuns", e, portanto, tem o *potencial* para dar a todos, independentemente de antecedentes, talento natural ou aptidão, o tempo e o espaço para sair de seu ambiente conhecido, para se superar e renovar (e, portanto, mudar de forma imprevisível) o mundo.

Os anos escolares são uma fonte de medo para todos os que procuram perpetuar o velho mundo ou para aqueles que têm uma clara ideia de como um mundo novo ou futuro pode parecer. Isso é, particularmente, verdadeiro para aqueles que querem usar a geração mais jovem para manter à tona o velho mundo ou trazer um novo mundo à existência. Tais pessoas não deixam nada ao acaso: a escola, o corpo docente, o currículo, e, através deles, a geração mais jovem deve ser domada para atender às suas finalidades. Em outras palavras, os conservadores e os progressistas, igualmente, assumem certo ar de suspeita justificada em relação à educação escolar e aos educadores – que são presumidos culpados até que se prove o contrário. Na nossa defesa da escola não concordamos com esse tipo de extorsão. Não vamos defender a escola contra acusações que surgem de expectativas errôneas baseadas em uma negação temerosa e desconfiada do que realmente consiste a escola: uma sociedade que provê tempo e espaço para renovar a si mesma, oferecendo-se, assim, em toda a sua vulnerabilidade. O perigo de apresentar esse argumento hoje, é claro: é que ele chega muito irremediavelmente tarde. A lógica vai soar como um canto do cisne – ou pior, um plano conservador para restaurar o passado no futuro. A nossa formulação é bastante simples a esse respeito: a escola é uma invenção histórica e pode, portanto, desaparecer. Mas isso também significa que a escola pode ser reinventada, e é precisamente isso o que vemos como nosso desafio e, como esperamos deixar claro, a nossa responsabilidade no momento atual. Reinventar a escola se resume a encontrar formas concretas no mundo de hoje para fornecer "tempo livre" e para reunir os jovens em torno de uma "coisa" comum, isto é, algo que aparece no mundo que seja disponibilizado para uma nova geração. Para nós, o futuro da escola é uma questão pública – ou melhor, com essa apologia, queremos torná-la uma questão pública. Por essa razão, não assumimos a voz de advogados especializados, mas sim a de porta-vozes interessados. Nas próximas páginas, vamos nos esforçar para explicar por que e como podemos empreender a reinvenção da escola. Mas primeiro, vamos abordar, brevemente, algumas das acusações, demandas e posições que a escola enfrenta hoje.

CAPÍTULO 1

Acusações, demandas, posições

I. Alienação

A *alienação* é uma acusação recorrente dirigida contra a escola. Essa acusação existiu e continua a existir em diversas variáveis. As matérias ensinadas na escola não são "mundanas" o suficiente. Os temas são "artificiais". A escola não prepara seus alunos para a "vida real". Para alguns, isso significa que a escola não leva suficientemente em conta as necessidades reais do mercado de trabalho. Para outros, isso significa que a escola coloca ênfase *demais* na ligação entre a escola e o mercado de trabalho ou entre a escola e as exigências do sistema de ensino superior. Essas preocupações, assim dizem os críticos, tornam a escola incapaz de proporcionar aos jovens uma ampla educação geral que os prepare para a vida como um adulto. O foco no currículo escolar não permite, de modo algum, uma conexão real com o mundo, tal como este é experimentado pelos alunos. A escola, portanto, não só se fecha para a sociedade, mas também se fecha às necessidades dos jovens. Presa em seu próprio senso de autojustiça, a escola é acusada de ser uma

13

ilha que não faz nada (e não pode fazer nada), mas aliena os jovens de si mesmos ou do seu entorno social. Enquanto os moderados acreditam que a própria escola é capaz de mudar e, desse modo, pedir maior abertura e pragmatismo, as vozes radicais insistem que essa alienação e desconexão são características de *todas* as formas de educação escolar. Assim defendem o fim da escola. De qualquer modo, todas essas críticas partem da premissa de que a educação e a aprendizagem devem ter ligações claras e visíveis com o mundo, do modo como este é experienciado pelos jovens, e com a sociedade como um todo. Discutiremos, no entanto, que a escola deve suspender ou dissociar certos laços com a família dos alunos e o ambiente social, por um lado, e com a sociedade, por outro, a fim de apresentar o mundo aos alunos de uma maneira interessante e envolvente.

II. Consolidação de poder e corrupção

Os críticos também acusam a escola de ser culpada de várias formas de corrupção. A escola, dizem eles, abusa de seu poder, tanto de forma aberta quanto clandestinamente, a fim de promover outros interesses. Apesar da narrativa escolar de igualdade de oportunidades para todos, segundo eles, a escola facilita mecanismos sutis que reproduzem a desigualdade social. Não há igualdade de acesso e não há igualdade de tratamento, e, mesmo que houvesse, a discriminação continua a existir na sociedade em geral e no mercado de trabalho. A escola reproduz essa desigualdade, independentemente do profissionalismo e da objetividade educacional que ela reivindica – e alguns diriam que é precisamente *por isso* que a escola é capaz de reproduzir a desigualdade. A acusação é bastante simples: a escola está a serviço do capital, e todo o resto é mito ou mentiras ne-

Acusações, demandas, posições

cessárias perpetradas, antes e acima de tudo, a serviço do capital econômico. O conhecimento é um bem econômico e há uma hierarquia de formas de conhecimento que a escola reproduz sem muita hesitação. Mas a escola também pode servir ao capital cultural: as escolas reproduzem o trabalhador, educado, simples, com visão de futuro e cidadão piedoso em tempo parcial. Quer se refira ao negócio, à igreja ou a qualquer outro agrupamento de elite, a alegação é a seguinte: a escola pode ser cooptada por aqueles que têm a ganhar com o *status quo*, seja ele a manutenção da assim chamada ordem "natural", ou da ordem justa ou, simplesmente, menos prejudicial. Alguns críticos vão ainda mais longe: a capitulação da escola à corrupção não é acidental, e, como tal, a escola é uma invenção do poder até o último detalhe. A divisão dos alunos em classes, o sistema de exame e, especialmente, o currículo e os vários cursos de estudo e abordagens educacionais – tudo isso é um meio ou um instrumento para perpetuar o poder. O que torna a escola perversa, de acordo com os acusadores, é que ela, obstinadamente, continua a acreditar em sua autonomia, liberdade e poder pedagógico de julgamento neutro, o que, supostamente, serve para garantir oportunidades iguais ou justificar o tratamento desigual. Não negamos essa corrupção, mas argumentamos que as sempre presentes tentativas de cooptação e de corrupção ocorrem justamente para *domar* o potencial distinto e radical que é exclusivo do escolar em si mesmo. Desde a sua criação nas cidades-estados gregas, o tempo escolar tem sido o tempo em que o "capital" (conhecimento, habilidades, cultura) é expropriado, liberado como um "bem comum" para o uso público, existindo, portanto, independente de talento, habilidade ou renda. E essa expropriação radical, ou "tornar público", é difícil de ser tolerada por todos os que procuram proteger a *propriedade*.

Estes podem ser a elite cultural ou a geração mais velha, que trata a sociedade como sua propriedade e, desse modo, assume a posse do futuro dos jovens.

III. Desmotivação da juventude

Uma terceira acusação: a *desmotivação* da juventude. As variantes são inúmeras. Os jovens não gostam de ir à escola. Aprender não é divertido. O aprendizado é doloroso. Em geral, os professores são chatos e são um dreno do entusiasmo e da paixão pela vida dos alunos. Os chamados professores populares, na verdade, não ensinam nada aos alunos. E os raros professores inspiradores realmente afirmam as deficiências da escola: são inspiradores justamente porque têm êxito em transformar a sala de aula ou a escola em um ambiente de aprendizagem desafiador. Os moderados argumentarão que chegou a hora de priorizar o bem-estar na escola. O objetivo, dizem, é encontrar o equilíbrio certo entre trabalho e lazer, e o ideal é, e continua sendo, a "aprendizagem lúdica". O tédio é mortal. É hora de acabar com as aulas descomprometidas e os professores maçantes. Os alunos, assim soa o lema atual, devem sempre ser capazes de ver o que aprenderam e o porquê, e qual é o valor desse conhecimento. Os alunos que perguntam "por que precisamos saber isso?" estão fazendo uma pergunta legítima e, neste nosso tempo e época, uma reação que comece com "Porque mais tarde, quando vocês estiverem crescidos..." é inadequada e até mesmo negligente. Além do valor de entretenimento, assim dizem os acusadores, o que motiva os jovens é a informação sobre a utilidade do que eles estão aprendendo, juntamente com a capacidade de fazer suas próprias escolhas sobre o que aprendem. Mas a escola, dizem eles, está aquém disso. Priva os jovens dessas oportunidades. A escola, argumenta-se, é essencialmente conservadora: consiste no professor como um representante da geração mais velha, no currículo como as expectativas cristalizadas da sociedade, e no próprio ensino como a atividade preferida do corpo docente. A escola é, assim, o porta-estandarte de estagnação. Daí o argumento muitas vezes repetido: se a escola deve ter um futuro, deve se dedicar a criar um ambiente de aprendizagem que coloque os talentos, escolhas e necessidades de treinamento do aluno em primeiro lugar. A escola do futuro deve adotar a mobilidade e a flexibilidade, a menos, é claro, que queira acabar como uma exposição em um museu de educação. No entanto, vamos argumentar que a escola não é sobre o bem-estar, e que falar em termos de (des)motivação é o sintoma infeliz de uma escola enlouquecida, que confunde atenção com terapia e gerar interesse com satisfazer necessidades.

IV. Falta de eficácia e empregabilidade

E então há a acusação do tribunal econômico: a escola mostra uma falta de *eficácia* e tem grande dificuldade em relação à *empregabilidade*. As escolas, simplesmente, não podem transcender a era da burocracia; não trata de resultados e objetivos específicos, mas sim de regras, procedimentos e planos de implementação. Se alguém não se esconder atrás da mão de ferro de uma mesa de trabalho, o profissionalismo do corpo docente – e, de preferência, a imagem do educador/Rei Sol empoleirado na frente de sua sala de aula – continua a fornecer o álibi para as escolas evitarem se reorganizar. Ou melhor ainda, fornece a desculpa para, simplesmente, ignorar completamente os aspectos organizacionais da escola. As escolas são cegas à sua produção e à almejada organização e coordenação de suas atividades. Daí, o diagnóstico dos acusadores: algumas escolas, apesar da esmagadora evidência científica, falham em reconhecer que há diferenças de valor agregado entre elas, que este valor agregado está nas próprias mãos da escola, que a gestão escolar e organização escolar são cruciais para atualizá-las, e, principalmente, que fazer isso é seu dever para com a sociedade. A conclusão sombria é: a sociedade deveria, igualmente e sem pensar duas vezes, deixar essas escolas desaparecerem. Que resultados a escola produz? Resultados da aprendizagem, é claro. E, possivelmente, outras coisas que se decida produzir na escola, tais como o bem-estar. A chamada escola responsável se permite ser julgada sobre o valor agregado que produz e, em última instância, até que ponto ela faz com que os jovens sejam "empregáveis". A ênfase deve se apoiar diretamente sobre a produção de resultados de aprendizagem – de preferência, competências – que os alunos possam aplicar em um ambiente de trabalho, mas também em um ambiente social, cultural e político. Os acusadores acalentam o sonho do professor responsável disposto a basear o seu próprio valor no valor agregado que ele produz. Mas continua a ser difícil expressar alguns desses sonhos em público – por ora. Que virtudes, de acordo com os acusadores, faltam às escolas e aos professores? Um olhar para a eficácia (atingir a meta), a eficiência (atingir o objetivo de forma rápida e com baixo custo) e o desempenho (alcançar cada vez mais com cada vez menos). É claríssimo para os acusadores radicais: demasiadas vezes, uma declaração como "somos uma escola, não um negócio" reflete, simplesmente, uma falta de senso de negócios e espírito empreendedor. De fato, quando vista a partir de uma perspectiva de negócios, não há problema *fundamental* com a escola. Mas, se uma organização não escolar de trajetórias de aprendizagem devia ter sucesso na obtenção de melhores resultados de aprendizagem e níveis de empregabilidade superiores, de uma maneira mais eficiente e eficaz, então, é claro, uma decisão de negócio teria de ser feita, possivelmente resultando no desaparecimento da escola. A isso, vamos responder que uma declaração como "a escola não é um negócio" expressa uma responsabilidade diferente: a responsabilidade – mesmo amor – pela geração de jovens como uma *nova* geração.

V. A demanda de reforma e a posição de redundância

À luz das acusações levantadas contra a escola, não é de estranhar que muitos tenham levantado a questão da necessidade ou não de reformá-la radicalmente. A lista de reformas é longa: a escola deve se tornar mais centrada no aluno, se esforçar para desenvolver o talento, ser mais sensível ao mercado de trabalho e ao ambiente social de forma a motivar e atender ao bem-estar dos alunos, oferecer educação baseada em evidência, o que é mais eficaz e pode contribuir para a igualdade de oportunidades de uma forma real, etc. Tais demandas estão sendo feitas a partir da perspectiva de que o sentido da escola, em última análise, se resume em otimizar o desempenho de aprendizagem (individual). Ao mesmo tempo, observamos também que mais e mais pessoas querem *restabelecer* a escola. Esses movimentos de "reescolarização" assumem, principalmente, uma atitude reparadora e tentam reinstalar a escola "clássica" ou "tradicional". No entanto, ambos os movimentos – os reformadores e os restauradores – veem a escola, essencialmente, como funcional, e ambos estão preocupados com a escola como um agente que contribui para certo propósito (estimular a aprendizagem, desenvolver o talento, restaurar o aprendizado baseado na realização, dominar as habilidades, transmitir valores, etc.) Eles se concentram, exclusivamente, nas características desse agente a partir da perspectiva de sua pretendida finalidade ou expectativas pré-formuladas. Eles certamente não pensam duas vezes sobre o que faz de uma escola uma escola. Consideram a questão do propósito e funcionalidade da escola, porém ignoram a questão do que constitui sua quinta-essência: o que, em si, a escola faz e a qual propósito serve? Essas mesmas questões irão formar a base da nossa defesa. Antes de prosseguirmos, no entanto, devemos observar rapidamente dois desenvolvimentos recentes que constituem uma ação de retaguarda na discussão sobre a escola. Esses dois acontecimentos, cada um à sua maneira, tratam da *redundância* da escola.

O primeiro desenvolvimento diz respeito à introdução de novas estruturas de qualificação como princípios orientadores para a organização da educação em uma época de aprendizagem ao longo da vida e em todos os seus domínios. Quando a aprendizagem se reduz à produção de resultados de aprendizagem; quando a produção de resultados de aprendizagem se torna, simplesmente, uma descrição diferente para a conversão do potencial em competências; quando existem inúmeros caminhos de aprendizagem formal e informal e ambientes de aprendizagem que tornam possível esse processo de produção – qual é, então, o papel da escola? Uma resposta possível pode ser: a escola confere um selo de qualidade; é uma instituição de reconhecimento e validação. Dito em outras palavras, a escola confere uma prova de certificação de qualificação dos resultados de aprendizagem e das competências adquiridas. É o governo quem dá à escola tal autoridade e legitima essa função de

Acusações, demandas, posições

qualificação. Em essência, então, o papel da escola aqui é limitado à função social pura e simples que os sociólogos da educação apontaram há muito tempo: ela oferece diplomas "válidos". Mas reduzir a escola à sua função de qualificação é, na verdade, diferente de dizer que a escola é redundante, salvo se produzir algum valor agregado? O Quadro Europeu de Qualificações – que faz com que seja possível escalonar todos os resultados de aprendizagem de acordo com oito níveis de qualificação – parece dar essa impressão. Esse quadro europeu separa radicalmente os resultados da aprendizagem do chamado processo de aprendizagem e contexto de aprendizagem. Inequivocamente, transmite a mensagem de que a educação escolar não tem o monopólio sobre a aprendizagem e, portanto, não tem o monopólio sobre a qualificação dos resultados de percursos de aprendizagem. O que conta são os resultados de aprendizagem ou as competências, e não onde ou como a pessoa os adquiriu. Isso rompe radicalmente o poder institucional (qualificação) da educação escolar. De acordo com essa lógica, qualquer tentativa das escolas de continuarem afirmando a sua identidade institucional não é mais do que uma expressão da política de poder bruta, exercida para perpetuar uma espécie de monopólio ou para assegurar uma vantagem de mercado. O quadro de qualificações flamengo – que se baseia no quadro europeu – não vai tão longe (ainda) e faz uma distinção entre as chamadas qualificações educacionais e qualificações profissionais. A qualificação profissional é um pacote completo e escalonado de competências necessárias para a prática de uma determinada profissão (a ser adquirida através da educação, mas também em outros lugares), enquanto uma qualificação educacional refere-se a um pacote completo de competências (resultados da aprendizagem) para a participação na

21

sociedade ou para continuar em outros estudos (só pode ser adquirida através da educação em instituições reconhecidas pelo governo). Dessa forma, pode-se dizer, o *lobby* da educação institucional fez um grande trabalho: certas qualificações permanecem ligadas à aprendizagem dentro de uma instituição *e* a educação escolar mantém a sua função de qualificação. A questão é se isso é sustentável e não apenas um adoçante para tornar o sistema mais amplo, mais fácil de digerir. O outro lado da moeda é que as escolas devem optar por uma estrutura de classificação uniforme desde o início – com a mesma "moeda" e "banco de qualificação central" – para a educação, o mundo profissional e muitos outros ambientes de aprendizagem (formal e informal). Se os resultados da aprendizagem escalonados formam a base para as qualificações e a escola formula seus objetivos em termos de resultados de aprendizagem, com base em que a escola ainda pode afirmar que "ir à escola" tem algo a mais com que contribuir? A escola está reduzida a um ambiente de aprendizagem e a ser provedora de caminhos de aprendizagem, entre muitos outros, e, portanto, deve demonstrar o seu valor em relação a esses outros ambientes e caminhos de aprendizagem. O próximo passo nessa lógica é: a escola é dispensável, até que ela prove o contrário.

Antes de voltarmos à nossa defesa da escola, ainda é necessário discutir outra variante da alegação de que a escola é redundante: a escola, onde a aprendizagem está ligada ao tempo e ao espaço, não é mais necessária na era digital dos ambientes de aprendizagem virtual. Lemos que está próxima uma revolução impulsionada principalmente pelas novas tecnologias de informação e de comunicação. Essas tecnologias permitem direcionar a aprendizagem diretamente sobre o aluno individual. A aprendizagem torna-se perfeitamente adaptada às necessidades individuais em transformação, dizem os partidários. O processo de aprendizagem ganha crescente apoio por meio da avaliação e do monitoramento contínuos. O próprio ato de aprender torna-se divertido. A aprendizagem pode ocorrer a qualquer momento e em qualquer lugar. Isso significa que a classe, como uma tecnologia de comunicação que traz consigo a passividade, o tédio e constantes desapontamentos (e a sala de aula como unidade central da escola em que um professor reúne um grupo de estudantes que são dependentes dele por um determinado período de tempo), é tornada obsoleta. A sala de aula – continua o argumento – era mais adequada para a época pré-digital. A sociedade pré-digital era relativamente estável e, portanto, tinha requisitos estáveis sobre o que uma pessoa precisava saber e ser capaz de fazer. Nessa sociedade, a escola e, especialmente, a sala de aula – contanto que se rendesse o suficiente à autoridade – teve um papel autoevidente. Mas hoje, diz-se, surgiram outras expectativas. A escola e a educação clássica tornaram-se redundantes: todo o conceito de currículo e de classificação baseada na idade é um produto de formas ultrapassadas de distribuição de conhecimento e de especialização. A escola como um todo é determinada pelas tecnologias primitivas do passado. A aprendizagem artificial que chamamos de escola, por assim dizer, foi sempre necessária apenas para ensinar às crianças as coisas que eles não poderiam aprender em seu ambiente natural (de aprendizagem). Quando essa necessidade desaparece, assim também desaparecerá a instituição da escola: a aprendizagem torna-se, mais uma vez, um evento "natural", onde a única coisa que importa é a distinção entre ambientes de aprendizagem "ricos" e "pobres". *Adieu*, escola!

Chegou a hora, então, de apresentar o contra-argumento. Não será nenhuma surpresa que nós não cedamos à extorsão que faria com que expressássemos nossa evidência em termos de valor agregado, resultados de aprendizagem e qualificações (educacionais). Queremos tentar identificar o que faz uma escola ser uma escola e, ao fazê-lo, também queremos identificar por que a escola tem um valor em e por si mesma e por que ela merece ser preservada.

CAPÍTULO 2

O *que é o escolar?*

σχολή *(skholé): tempo livre, descanso, adiamento,
estudo, discussão, classe, escola, lugar de ensino*

Pode, a princípio, parecer estranho investigar o escolar.
Não é óbvio que a escola é a instituição de ensino inventada
pela sociedade para introduzir as crianças (em) o mundo? E
não é evidente que a escola tenta equipar as crianças com
o conhecimento e a habilidade peculiar a uma ocupação,
cultura ou sociedade? Esse ato de equipar acontece de uma
maneira específica: em um grupo, com professores na frente
da sala de aula, e com base na disciplina e na obediência.
Dessa forma, a escola é, igualmente, o lugar onde os jovens
(de acordo com um método específico) são abastecidos com
tudo o que eles devem aprender para encontrar o seu lugar
na sociedade. Não é óbvio que a aprendizagem é o que
acontece na escola? Que ela é uma *iniciação* ao conhecimento e às habilidades e uma *socialização* dos jovens na cultura
de uma sociedade? Essa iniciação e socialização não estão,
de uma forma ou de outra, presentes em todos os povos
e em todas as culturas? E não é a escola, simplesmente,
a forma coletiva mais econômica para consegui-las, coisa
que se torna necessária quando a sociedade atinge certo
nível de complexidade?

25

Essas, em qualquer caso, são percepções comuns e generalizadas do que a escola é e faz. Em contraste com esse ponto de vista, é importante ressaltar que a escola é uma invenção (política) específica da *polis* grega e que a escola grega surgiu como uma usurpação do privilégio das elites aristocráticas e militares na Grécia antiga. Na escola grega, não mais era a origem de alguém, sua raça ou "natureza" que justificava seu pertencimento à classe do bom e do sábio. Bondade e sabedoria foram desligadas da origem, da raça e da natureza das pessoas. A escola grega tornou inoperante a conexão arcaica que liga os marcadores pessoais (raça, natureza, origem, etc.) à lista de ocupações correspondentes aceitáveis (trabalhar a terra, engajar-se no negócio e no comércio, estudar e praticar). É claro que, desde o início, havia diversas ocupações para restaurar conexões e privilégios, para salvaguardar hierarquias e classificações, mas o principal e, para nós, o mais importante ato que a "escola faz" diz respeito à suspensão de uma chamada ordem desigual natural. Em outras palavras, a escola fornecia *tempo livre*, isto é, tempo não produtivo, para aqueles que por seu nascimento e seu lugar na sociedade (sua "posição") não tinham direito legítimo de reivindicá-lo. Ou, dito ainda de outra forma, o que a escola fez foi estabelecer um tempo e espaço que estava, em certo sentido, separado do tempo e espaço tanto da sociedade (em grego: *polis*) quanto da família (em grego: *oikos*). Era também um tempo igualitário e, portanto, a invenção do escolar pode ser descrita como a democratização do *tempo livre*.[1]

---

[1] Nesse contexto, é interessante notar que dizia-se que Isócrates, responsável por desempenhar um papel importante nessa invenção, havia oferecido "o dom do tempo" para a arte da retórica inclusa nas práticas políticas e jurí-

O que é o escolar?

Precisamente por causa da democratização e equalização, a elite privilegiada tratava a escola com grande desprezo e hostilidade. Para a elite, ou para aqueles que estavam satisfeitos em permitir que a organização desigual da sociedade continuasse sob os auspícios da ordem natural das coisas, essa democratização do tempo livre era uma pedra no sapato. Assim, não só as raízes da escola repousam na antiguidade grega, mas também o mesmo acontece com uma espécie de ódio dirigido à escola. Ou, pelo menos, o impulso contínuo para domar a escola, ou seja, restringir o seu caráter potencialmente inovador e até mesmo revolucionário. Dito de outro modo: mesmo hoje, parece haver tentativas de paralisar a escola como "tempo livre" entre a unidade familiar, de um lado, e a sociedade e o governo, de outro. Por exemplo, muitos dizem que a escola, como uma instituição, deveria ser uma extensão da família, ou seja, deveria fornecer um segundo "ambiente de educação" suplementar ao provido pela família. Outra variante da domesticação da escola reza que ela deve ser funcional para a sociedade, ser meritocrática em seus processos de seleção e, assim, reforçar o mercado de trabalho e proporcionar bons cidadãos. O que, frequentemente, aconteceu e continua a acontecer – e vamos voltar a isso em breve – é que a quinta-essência do escolar muitas vezes é completamente expulsa da escola. Na verdade, podemos ler a longa história da escola como uma história de esforços continuamente renovados para roubar da escola o seu

---

dicas: "Longe do tribunal e fora da assembleia geral, a retórica não estava mais constrangida por um senso de urgência, e, na ausência dessa restrição, não tinha que sacrificar a sua integridade artística às eventuais demandas de interesses do cliente" (POULAKOS, 1997, p. 70).

COLEÇÃO "EDUCAÇÃO: EXPERIÊNCIA E SENTIDO"

caráter escolar, isto é, como tentativas de "desescolarizar" a escola – que vão muito mais longe no tempo do que os autoproclamados "desescolarizadores"[2] da década de 1970 podiam perceber. Esses ataques contra a escola derivam de um impulso para tornar o tempo livre fornecido por ela novamente produtivo e, desse modo, impedir a função de democratização e equalização da escola. O que queremos enfatizar é que essas versões domadas da escola (isto é, a escola como a família estendida, ou a escola produtiva, aristocrática ou meritocrática) não deveriam ser confundidas com o que realmente significa estar "dentro da escola" e "na escola": tempo livre. O que muitas vezes chamamos de "escola" hoje em dia é, na verdade (total ou parcialmente), a escola desescolarizada. Assim, queremos reservar a noção de escola para a invenção de uma forma específica de tempo livre ou não produtivo, tempo indefinido para o qual a pessoa não tem outra forma de acesso fora da escola. O tempo fora – em casa, no mercado de trabalho – foi e é muitas vezes e de diferentes maneiras, "ocupado". Nós não tiramos tempo livre para sugerir uma espécie de tempo de relaxamento, na maneira em que frequentemente ele é entendido hoje. Na verdade, o próprio tempo de relaxamento se transformou em tempo produtivo e se torna a matéria-prima para sua própria esfera econômica. Assim, o relaxamento é muitas vezes visto como útil no sentido em que repõe a nossa energia e nos permite realizar atividades que levam à aquisição de competências adicionais. A indústria do lazer é, de modo indicativo, um dos setores econômicos mais importantes.

---

[2] O termo inglês *deschoolers* diz respeito àqueles que querem separar a educação da instituição escolar e operar através da experiência de vida do aluno, em oposição a um currículo estabelecido. (N.T.)

A escola, por outro lado, surge como a materialização e espacialização concreta do tempo que, literalmente, separa ou retira os alunos para fora da (desigual) ordem social e econômica (a ordem da família, mas também a ordem da sociedade como um todo) e para dentro do luxo de um tempo igualitário. Foi a escola grega que deu forma concreta a esse tipo de tempo. Isto significa que este – e não, por exemplo, a transferência de conhecimento ou o desenvolvimento de talentos – é a forma de tempo livre por meio do qual os alunos poderiam ser retirados de sua posição social. É precisamente o modelo escolar que permite que os jovens se desconectem do tempo ocupado da família ou da *oikos* (a *oiko*-nomia) e da cidade/estado ou *polis* (polí-tica). A escola oferece o formato (ou seja, a composição particular de tempo, espaço e matéria, que compõe o escolar) para o tempo-feito-livre, e aqueles que nele habitam literalmente transcendem a ordem social (econômica e política) e suas posições (desiguais) associadas. E é esse formato de tempo livre que constitui a ligação comum entre a escola dos atenienses livres e a coleção heterogênea das instituições escolares (faculdades, escolas secundárias, escolas primárias, escolas técnicas, escolas vocacionais, etc.) da nossa época. No que vem a seguir, não vamos discutir a rica história do formato da escola em sua totalidade, porém, em vez disso, vamos dar ênfase a algumas de suas características e ao seu funcionamento. A nossa ambição, contudo, não é esboçar a escola ideal, mas uma tentativa de tornar explícito o que faz com que uma escola seja uma escola, e, consequentemente, diferente de outros ambientes de aprendizagem (ou de socialização, ou iniciações). E, mais uma vez, o objetivo não é o de salvaguardar uma velha instituição, mas de articular um marco para a escola do futuro.

VI. Uma questão de suspensão
(ou libertar, destacar, colocar entre parêntesis)

O alarme dispara, o relógio começa a contar. Uma tigela rápida de cereal, mochila na mão. O tempo entre o agora e o toque do sino da escola está preenchido: fechar a porta, correr para o ponto de ônibus, bem na hora, comprimir todos juntos, contar as paradas, descer, a calma antes da tempestade, colisão entre amigos e reduzir a velocidade para uma caminhada, um minuto de sobra. A escola como um limiar para um novo mundo. Aqui, nós não corremos pelos corredores. Paz e tranquilidade por um tempo. A sala de aula não é um lugar tranquilo, é um lugar que se torna quieto, é dito para ela ficar quieta. O sino nos lembra disso, e a voz estridente de Mr. Smith, o professor de matemática, vem para o resgate daqueles com memória curta. Que somos todos nós. Ele começa a sua aula com uma anedota tola, à maneira como ele sempre faz. Hoje ela é sobre um gênio matemático. Como se ele quisesse atenuar o choque que nos espera na lousa na forma de uma função cúbica. Honestamente – truque ou não – ela funciona. Deixo-me percorrer em seu universo matemático, como um estranho em um mundo de estranhos que imploram para serem conhecidos. Uma segunda equação na lousa. Um exercício. Nos é dado tempo para fazê-lo nós mesmos. Alguém solta um suspiro, todo mundo começa, acabou o tempo, alguém se atreve a pedir mais tempo, ele nos dá mais tempo. Eu acabei, olho em volta e me pergunto se o Sr. Smith também representa um professor em sua casa. Seus pobres filhos, sua pobre esposa. Você acha que ele também tem um trabalho real? Tempo esgotado.

O que o primeiro dia de escola traz à lembrança? Os pais, relutantemente, levando seus filhos para a escola, ficando por ali um minuto extra para se certificarem de que tudo está bem, deixando-os ir. Os jovens saindo do ninho familiar. Há um limiar, e o referido limiar é muitas vezes visto hoje como a causa de uma experiência quase traumática. Daí o apelo para mantê-lo o mais baixo possível. Mas não é por isso que esse limiar é, precisamente, o que torna possível o deixar ir; não é o que permite que os jovens entrem em outro mundo no qual podem deixar de ser "filho" ou "filha"? De que outra forma eles podem deixar a família, o lar? Muito simplesmente, isso significa que a escola dá às pessoas a chance (temporariamente, por um curto espaço de tempo) de deixar o seu passado e os antecedentes familiares para trás e se tornarem um aluno como qualquer outro. Tomemos, por exemplo, o hospital-escola, que oferece às crianças descanso, por mais breve que possa ser, a partir do papel do paciente doente. Como atestam os professores dessas escolas, elas "trabalham" até o último dia, mesmo para os pacientes terminais. Essas escolas são transformadoras: "Lá fora, eles são o paciente, aqui eles são o aluno. Vamos deixar a parte do 'estar-doente' ficar lá fora".[3] O que a escola faz é prover o tempo em que as necessidades e rotinas que ocupam a vida diária das crianças – nesse caso, uma doença – podem ser deixadas para trás.

Uma suspensão similar se aplica tanto ao professor quanto ao assunto. O ensino, como ele era, não é uma profissão séria. O professor está, parcialmente, situado fora da sociedade, ou melhor, o professor é alguém que trabalha em um mundo não produtivo ou, pelo menos, não

---

[3] "Voordoen met het normale, dat geeft deze kinderen kracht", *De Morgen*, 10 de setembro de 2011, p.6. Tradução dos autores.

imediatamente produtivo. Muitas das coisas habituais exigidas de profissionais – no que diz respeito à produtividade, responsabilidade e, é claro, férias – não se aplicam ao professor. Pode-se dizer que ser um professor implica, desde o início, uma espécie de isenção ou imunidade. Os professores não trabalham para o ritmo do mundo produtivo. Da mesma forma, o conhecimento e as habilidades aprendidas na escola de fato têm uma clara ligação com o mundo – derivam dele, mas não coincidem com ele. Uma vez que o conhecimento e as habilidades são trazidos para dentro do currículo escolar, passam a ser matérias e, de certo modo, tornam-se separados da aplicação diária. É claro que as próprias aplicações de conhecimentos e de competências podem ser abordadas em um ambiente escolar, mas só depois de serem apresentadas como matérias. Esse conhecimento e essas habilidades são, assim, libertados, isto é, separados dos usos sociais convencionais, atribuídos na medida em que são apropriados para eles. Nesse sentido, a matéria sempre consiste em conhecimentos e competências autoindependentes. Ou, dito de outra forma: o material tratado em uma escola não está mais nas mãos de um grupo social ou geração particulares e não há nenhuma conversa de apropriação; o material foi removido – liberado – da circulação regular.

Esses exemplos nos levam a um primeiro aspecto do escolar: que a construção de uma escola implica suspensão. Quando ocorre a suspensão, os requisitos, tarefas e funções que governam lugares e espaços específicos, tais como a família, o local de trabalho, o clube desportivo, o bar e o hospital, já não se aplicam. Isso não implica a destruição desses aspectos, no entanto. A suspensão, tal como a entendemos aqui, significa (temporariamente) tornar algo inoperante, ou, em outras palavras, tirá-lo da produção, liberando-o, retirando-o de seu contexto normal. É um ato de desprivatização, isto é, desapropriação. Na escola, o tempo não é dedicado à produção, investimento, funcionalidade ou relaxamento. Pelo contrário, esses tipos de tempo são abandonados. De um modo geral, podemos dizer que o tempo escolar é o tempo tornado livre e não é tempo produtivo. Isso não quer dizer que a suspensão descrita acima é, na verdade, operativa na educação atual. Pelo contrário, o oposto parece ser verdadeiro. Tomemos, por exemplo, a tendência contínua de fixar os alunos aos seus antecedentes sociais e culturais, ou o impulso de moldar os professores na forma de um "verdadeiro profissional" sensível às demandas de produtividade e com a intenção de tornar a matéria mais (economicamente) relevante. Como discutiremos mais tarde, essas tendências podem se originar de um medo de suspensão e podem ser vistas como uma tentativa de domar o tempo escolar.

Pensamos que o *formato* muito concreto da escola pode desempenhar um papel importante na possibilidade de retirar o peso da ordem social – suspensão – no interesse de criar *tempo livre*. A forma específica de salas de aula e *playgrounds* apresenta, no mínimo, a possibilidade de, literalmente, se tornarem separados do tempo e do espaço da família, da sociedade ou do mercado de trabalho e das leis que os presidem a esse respeito. Isso pode ser alcançado não só através da forma construída na sala de aula (a presença de uma mesa, o quadro-negro, a disposição das bancadas de trabalho de tal maneira a facilitar a interação tátil, etc.), mas também através de todos os tipos de métodos e ferramentas. E, evidentemente, o professor também tem um papel importante.

Nesse sentido, Daniel Pennac (2010), em seu livro *School Blues*, é particularmente instrutivo. Ele enfatiza essa suspensão, dizendo que o professor (pelo menos se ele estiver "trabalhando" com êxito em uma sala de aula) atrai os alunos para o *tempo presente*, isto é, para o aqui-e-agora. *School Blues* é uma obra literária em que Pennac conta a história de suas desventuras intermináveis como um estudante desiludido, desmotivado e completamente difícil. A história é seguida por uma narrativa de sua carreira (de sucesso) como professor de francês em escolas dos subúrbios franceses, onde continuamente encontrava o tipo de aluno que ele mesmo fora um dia. Seu relato contém observações muito precisas sobre a capacidade da escola e do professor para "libertar" os alunos, isto é, para permitir aos alunos se separarem do passado (que os oprime e os define em termos de [falta de] habilidade/talentos) e do futuro (que é, ao mesmo tempo, inexistente ou predestinado) e, portanto, se dissociarem temporariamente de seus "efeitos". A escola e o professor permitem que os jovens reflitam sobre si mesmos, separados do contexto (antecedentes, inteligência, talentos, etc.) que os conecta a um determinado lugar (um caminho de aprendizagem especial, uma aula para os alunos de reforço, etc.) Pennac expressa isso dizendo que o professor deve garantir que "um alarme dispare" cada lição. Esse alarme deve ser bem sucedido em fazer com que os alunos saiam do que ele chama de "pensamento ilusório", isto é, o pensamento que "os aprisiona em contos de fadas" e planta ideias de incompetência nas suas "mentes": "não posso fazer nada", "tudo vai dar em nada" "por que tentar?". Esse alarme também dissipa contos de fadas inversos: "tenho que fazer isso", "é assim que isso deve ser", "esse é o meu talento", "isso é adequado para mim"...

> Talvez isso seja o que é ensinar: prescindir do pensamento ilusório, garantindo que cada aula é uma chamada de despertar. Claro, eu sei que esse tipo de declaração pode

parecer irritante para os professores estorvados com as classes mais difíceis nos *banlieues*. E, sim, essas fórmulas podem realmente parecer banais de um ponto de vista considerado sociológico, político, econômico, familiar ou cultural... Ainda assim, o pensamento ilusório desempenha um papel que não deveria ser subestimado quando se trata da tenacidade do aluno relapso para ficar enterrado no fundo de sua própria existência. E tem sido sempre assim, qualquer que seja seu antecedente social (PENNAC, 2010, p. 142-143).

Os nossos "maus alunos", aqueles programados para não se tornarem nada, nunca vêm para a escola sozinhos. O que entra na sala de aula é uma cebola: várias camadas de desgostos da escola – medo, preocupação, amargura, raiva, insatisfação, renúncia furiosa – embrulhadas em torno de um passado vergonhoso, um presente sinistro, um futuro condenado. Olha, lá vêm eles, os seus corpos em processo de *formação* e suas famílias nas suas mochilas. A aula não pode realmente começar até que a carga tenha sido colocada no chão e a cebola descascada. É difícil de explicar, mas apenas um olhar, uma observação gentil, uma palavra clara e firme de um adulto atencioso, muitas vezes, é o suficiente para dissolver esses desgostos, clarear essas mentes e colocar essas crianças, confortavelmente, no presente do indicativo. Naturalmente, os benefícios são temporários; a cebola assentará de volta suas camadas fora da sala de aula, e nós teremos que começar tudo de novo amanhã. Mas é isso que é o ensino: começar de novo e de novo até alcançar o momento crítico em que o professor pode desaparecer (PENNAC, 2010, p. 50-51).

Dessa forma, a escola é o tempo e espaço onde os alunos podem deixar pra lá todos os tipos de regras e expectativas sociológicas, econômicas e relacionadas à cultura. Em outras palavras, dar forma à escola – construir a escola – tem a ver com uma espécie de suspensão do peso dessas regras. A suspensão, por exemplo, das regras que ditam ou explicam por que alguém – e toda a sua família ou grupo – cai em um determinado degrau da escada social. Ou da regra que diz que as crianças de projetos habitacionais ou de outros ambientes não têm interesse em matemática, ou que os alunos do ensino vocacional são dissuadidos pela pintura, ou que os filhos dos industriais preferem não estudar culinária. O que queremos enfatizar é que é através dessa suspensão que as crianças podem aparecer como alunos, os adultos como professores, e os conhecimentos e habilidades socialmente importantes como a matéria na escola. É essa suspensão e essa *construção* de tempo livre que instalam a igualdade no escolar, desde o início. Isso não significa que vemos a escola como uma organização que garante que todos alcancem o mesmo conhecimento e habilidades uma vez que o processo esteja concluído, ou que adquiram todo o conhecimento e as habilidades de que precisam. A escola cria igualdade precisamente na medida em que constrói o tempo livre, isto é, na medida em que consegue, temporariamente, suspender ou adiar o passado e o futuro, criando, assim, uma brecha no tempo linear. O tempo linear é o momento de causa e efeito: "Você é isso, então você tem que fazer aquilo", "você pode fazer isso, então você entra aqui", "você vai precisar disso mais tarde na vida, então essa é a escolha certa e aquela é a matéria apropriada". Romper com esse tempo e lógica se resume a isso: a escola chama os jovens para o tempo presente ("o presente do indicativo" nas palavras de Pennac) e os libera tanto da carga potencial de seu passado quanto da pressão potencial de um futuro pretendido planejado (ou já perdido).

A escola, como uma questão de suspensão, implica não só a interrupção temporária do tempo (passado e futuro), mas também a remoção das expectativas, necessidades, papéis e deveres ligados a um determinado espaço fora da escola. Nesse sentido, o espaço escolar é aberto e não fixo. O espaço escolar não se refere a um local de passagem ou de transição (do passado ao presente), nem a um espaço de iniciação ou de socialização (da família para a sociedade). Pelo contrário, devemos ver a escola como uma espécie de puro meio ou centro. A escola é um meio sem um fim e um veículo sem um destino determinado. Pense em um nadador tentando cruzar um grande rio (SERRES, 1997). Pode parecer que ele estivesse simplesmente nadando de uma margem para a outra (isto é, da terra da ignorância para a terra do conhecimento). Mas isso quereria dizer que o próprio rio não significa nada, que ele seria uma espécie de meio sem dimensão, um espaço vazio, como voar através do ar. Eventualmente, o nadador, é claro, chegará à margem oposta, porém, o mais importante é o espaço entre as margens – o centro, um lugar que compreende todas as direções. Esse tipo de "meio termo" não tem orientação nem destino, mas torna todas as orientações e direções possíveis. Talvez a escola seja outra palavra para esse meio termo onde os professores atraem os jovens para o presente.

VII. Uma questão de profanação (ou tornar algo disponível, tornar-se um bem público ou comum)

Motores e carros meio desmontados são exibidos como se estivessem em um museu. Mas esse não é um museu do automóvel, é uma oficina, um atelier. Uma espécie de garagem, mas sem os clientes problemáticos e impacientes.

Essas peças não têm dono, apenas estão lá, para todos. Elas não são os modelos e motores mais recentes – mas é a essência o que conta. Montagem e desmontagem, em sua forma mais pura. Manutenção e pequenos reparos, também. Nós não falamos sobre o preço. Não agora, não aqui. As coisas devem ser bem feitas, com um olho para o detalhe, know-how *também, e muito discernimento. Não discernimento mecânico, mas o discernimento em mecânica. E eletrônica. Apenas o motor despojado parece ser capaz de dar esse discernimento, como um modelo nu em torno do qual o professor reúne seus alunos. Como se a coisa ansiasse por ser estudada, admirada, mas também cuidadosamente desmontada e cuidadosamente restaurada. Não tanto o professor, mas aquele motor requer habilidade, e é como se os motores em exposição tivessem se sacrificado para o aperfeiçoamento dessas habilidades. Eles fazem o tempo, dão tempo – e o professor garante que os alunos o usem. Para praticar, com olhos, mãos e mente. Uma mão hábil, um olho experiente, uma mente focada – a mecânica está no toque. Apenas adequado, mas felizmente não totalmente. Porque, então, não haveria mais tempo para o estudo e a prática, e, portanto, não haveria tempo para erros e novos discernimentos.*

Um simples exemplo: o quadro-negro, a carteira escolar. É claro, para muitos a lousa e a carteira são a quinta-essência dos artefatos da educação clássica: armas para disciplinar os jovens, arquitetura a serviço da pura transferência de conhecimento, símbolos do professor autoritário. Não há dúvida de que muitas vezes elas funcionem dessa maneira. Mas elas também não dizem algo sobre a escola quinta-essencial? A lousa que abre o mundo para os alunos, e os alunos que literalmente se sentam perto dela. Ou o professor que, com sua voz, gestos e presença, invoca algo do mundo na sala de aula. Algo não apenas informativo, mas também animador, trazido de tal forma que um aluno não pode ajudar, exceto olhar e ouvir. Esses são os momentos bastante raros, mas sempre mágicos, quando os alunos e os professores são arrebatados pela matéria, a qual, simplesmente sendo dita, parece assumir uma voz própria. Isso significa, em primeiro lugar, que a sociedade é, de certa forma, mantida do lado de fora – a porta da sala de aula se fecha e o professor pede silêncio e atenção (Cornelissen, 2010). Mas, em segundo lugar, algo é permitido no interior: um diagrama na lousa, um livro sobre a mesa, palavras lidas em voz alta. Os alunos são tirados de seu mundo e levados a entrar num novo. Assim, de um lado da moeda, há uma suspensão, isto é, uma interpretação inoperável, uma libertação. Do outro lado, há um movimento positivo: a escola como presente e meio termo, um lugar e um tempo para possibilidades e liberdade. Para isso, gostaríamos de introduzir o termo *profanação*.[4]

Um tempo e lugar profanos, mas também as coisas profanas, referem-se a algo que é desligado do uso habitual, não mais sagrado ou ocupado por um significado específico, e, portanto, algo no mundo que é, ao mesmo tempo, acessível a todos e sujeito à (re)apropriação de significado. É algo, nesse sentido geral (não religioso), que foi corrompido ou expropriado; em outras palavras, algo que se tornou público. O conhecimento, por exemplo, mas também as habilidades que têm uma função especial na sociedade, são tornados gratuitos e disponíveis para o uso público. A matéria de estudo tem precisamente esse caráter profano; o

---

[4] Fazemos um uso "educacional" daquela noção, da forma como foi "filosoficamente" elaborada por Agamben (2007).

conhecimento e as habilidades são efetivamente suspensos dos caminhos em que a geração mais velha cuidou de colocá--los em uso em tempo produtivo, mas essa matéria *ainda não* foi apropriada pelos representantes da geração mais jovem. O importante aqui é que são precisamente essas coisas públicas – as quais, por serem públicas, estão, portanto, disponíveis para uso livre e novo – que proporcionam à geração mais jovem a oportunidade de experimentar a si mesma como uma *nova* geração. A típica experiência escolar – a experiência que é possibilitada pela escola – é exatamente aquele confronto com as coisas públicas disponibilizadas para uso livre e novo. É, por assim dizer, a prova matemática tirada do mundo e escrita no quadro-negro para que todos possam ver. Ou o livro-texto sobre a carteira. Esse quadro-negro ou carteira não são, acima de tudo, um instrumento para disciplinar os jovens, como a crítica comum admite. É algo que faz com que seja possível que as coisas tomem posse de si mesmas, desligadas e libertadas de seu uso habitual, e, portanto, publicamente disponíveis. Por essa razão, a escola sempre significa conhecimento em prol do conhecimento, e a isso chamamos de *estudo*. A linguagem da matemática consegue ser autossuficiente – o seu enraizamento social é suspenso – e, por meio disso, ela se torna um objeto de estudo. Da mesma forma, podemos qualificar habilidades em prol da *prática* de habilidades. Nesse caso, a escola é o tempo e o lugar para estudo e prática – as atividades escolares que podem alcançar um significado e um valor em si mesmas. Mas isso não significa que a escola, como uma espécie de torre de marfim ou ilha, se refira a um tempo ou lugar fora da sociedade. O que é tratado na escola está enraizado na sociedade, no cotidiano, mas transformado pelos atos simples e profundos de suspensão (temporária) e profanação. Focamos em matemática em prol da matemática, em linguagem

O que é o escolar?

pelo bem da linguagem, em cozinhar por causa de cozinhar, em carpintaria por amor à carpintaria. É assim que você calcula uma média, é assim que você conjuga em inglês, é assim que você faz uma sopa ou uma porta. Mas tudo isso acontece separadamente de um objetivo a-ser-alcançado--imediatamente. Exemplos de objetivos imediatos seriam: que média tem que dar a esse cliente uma visão geral dos juros projetados; você usou inglês gramaticalmente correto para formular uma carta de reclamação para seu senhorio; essa sopa deve ser entregue à mesa sete; aquela porta precisa ser instalada na casa da Rua Baldwin. Aspectos dessas coisas podem, certamente, ser trazidos à baila em sala de aula, mas, então, como um exercício e um estudo. Em cada caso, a "economia" é o que é (ativamente) suspenso a partir das habilidades, conhecimento, raciocínio e objetivos que a penetram em tempo "normal".

É importante destacar, como Pennac também indica continuamente, que a construção do tempo escolar (tempo livre) é acompanhada pelo fato de que, na escola, sempre há *alguma coisa* sobre a mesa. Como diz Pennac, a escola não consiste em atender às necessidades individuais; isso acontece fora da matéria escolar. Pelo contrário, consiste em acompanhar durante a aula, lidar com *alguma coisa*, estar presente para *alguma coisa*. Devemos nos limitar, diz Pennac, à matéria e às regras do jogo impostas sobre nós por praticar a própria matéria. Desse modo, algo da sociedade é *posto em jogo* ou *executado em jogo*. Isso volta a uma das palavras latinas para a escola, *ludus*, que também significa "jogo" ou "brincadeira". Em certo sentido, a escola é de fato o *playground* da sociedade. O que a escola faz é trazer algo para o *jogo*, ou fazer alguma coisa no *jogo*. Isso não significa que a escola não seja séria ou não tenha regras. Muito pelo contrário. Isto significa que a sua seriedade e regras já não são derivadas da ordem social e do peso de suas leis, mas, antes, de *alguma coisa* do próprio mundo – um texto, uma expressão matemática ou uma ação como arquivar ou serrar – e essa *alguma coisa* é, de uma forma ou de outra, valiosa. Consequentemente, estudar um texto requer certas regras do jogo e disciplina, do mesmo modo que acontece com os que se engajam na escrita ou na carpintaria. O importante aqui é, precisamente, que por transformar *alguma coisa* em jogo, está, simultaneamente, sendo oferecida para o uso livre e novo. Está sendo solta e colocada sobre a mesa. Ou seja, algo (um texto, uma ação) está sendo oferecido e se torna, ao mesmo tempo, separado de sua função e importância na ordem social, algo que aparece em si mesmo, como um objeto de estudo ou de prática, independentemente do seu uso adequado (em casa ou na sociedade, fora da escola). Quando algo se torna um objeto de estudo ou de prática, isso significa que exige a nossa atenção; que nos convida a explorá-lo e engajá-lo, independentemente de como ele possa ser colocado em uso.

Que a escola é o *playground* da sociedade talvez seja mais evidente naqueles lugares onde algo do mundo do trabalho está incluído sem qualquer relação imediata com a produção. Vemos isso, por exemplo, no ensino técnico e vocacional: trabalhar em um motor, carpintejar uma moldura de janela. Isso é importante, mas não é diretamente uma função da vida produtiva: o carro não precisa ser entregue, a janela não precisa ser vendida. A escola é o lugar onde o trabalho "não é real". Isso significa que ele é transformado em um exercício que, como um jogo, é realizado para seu próprio bem, mas ainda requer disciplina. Claro que, hoje em dia – onde os espaços de aprendizagem hiper-realistas são a norma e a educação orientada para a competência é saudada como a nova direção para a escola –, o que acontece na escola é muitas vezes criticado como "não é real" ou "não realista". E isso é muitas vezes reforçado com a crítica adicional de que se aprende melhor uma profissão fora da escola. O que precisamos, dizem, não são alunos, mas aprendizes. Aprender um ofício deve compartilhar uma relação direta e imediata com a produção do mundo real do uso pretendido do negócio. Para nós, no entanto, há uma diferença substancial entre alunos e aprendizes – o modelo escolar *faz* algo, e através dele, a prática e o estudo são possibilitados. A escola não é um campo de treinamento para aprendizes, mas o lugar onde *algo* – tal como um texto, um motor, um método particular de carpintaria – realmente se torna separado de seu próprio uso e, portanto, também se torna separado da função e significado que ligam aquele *algo* à família ou à sociedade. É esse trazer para o jogo, esse *transformar algo em matéria de estudo*, que é necessário, a fim de se aprofundar em alguma coisa como um objeto de prática e de estudo. Em breve, vamos mostrar que transformar algo em jogo, isto é, destacar algo do seu uso adequado, é precisamente a pré-condição para a compreensão da escola como situação inicial; uma situação em que as crianças ou os jovens podem, literalmente, começar algo novo. Antes, porém, gostaríamos de dizer algumas palavras sobre a maneira pela qual profanação e a suspensão abrem o mundo, e isso através da atenção e do interesse, em vez da motivação.

VIII. *Uma questão de atenção e de mundo (ou abrir, criar interesse, trazer à vida, formar)*

Ela tinha visto aqueles animais muitas vezes. Ela conhecia alguns deles pelo nome. O gato e o cachorro,

é claro — correm à solta na casa. Ela conhece as aves
também. Podia distinguir um pardal de um canário-
da-terra e um melro de um corvo. E, é claro, todos os
animais da fazenda. Mas ela nunca pensou nisso duas
vezes. É exatamente como era. Todo mundo da sua
idade sabia essas coisas. Era senso comum.
Até aquele momento. Uma aula com nada além de
estampas. Sem fotos, sem filmes. Estampas bonitas
que transformaram a sala de aula em um zoológico, só
que sem as gaiolas e as barras. E a voz da professora
que comandava a nossa atenção, porque ela deixava as
estampas falarem. As aves tinham um bico e o bico,
uma forma, e a forma falava sobre a comida: comedores
de insetos, comedores de sementes, comedores de peixe...
Ela foi atraída para dentro do reino animal, tudo
se tornou real. O que antes parecia óbvio tornou-se
estranho e sedutor. As aves começaram a falar
de novo, e, de repente, ela podia falar sobre elas de uma
maneira nova. Que algumas aves migram e outras
ficam quietas no lugar. Que um quivi é um pássaro,
uma ave não voadora da Nova Zelândia. Que as aves
podem se extinguir. Ela foi apresentada ao dodó. E
isso em uma sala de aula, com a porta fechada, sentada
em sua carteira. Um mundo que ela não conhecia.
Um mundo ao qual ela nunca tinha prestado muita
atenção. Um mundo que apareceu do nada, invocado
por estampas mágicas e uma voz encantadora.
Ela não sabia o que a surpreendia mais: esse novo
mundo que tinha sido revelado a ela ou o crescente
interesse que ela descobriu em si mesma. Isso não
importava. Caminhando para casa naquele dia, algo
havia mudado. Ela havia mudado.

A escola é, repetidamente, acusada de ser muito distante do mundo. De que ela não consegue lidar com o que é importante na sociedade; que ela se ocupa com conhecimentos e habilidades desatualizados ou estéreis; que os professores estão muito preocupados com detalhes e com o jargão acadêmico. Em resposta, queremos argumentar que a profanação e a suspensão tornam possível *abrir o mundo* na escola e que ela é, de fato, o mundo (e não necessidades ou talentos individuais de aprendizagem) que está sendo revelado. Naturalmente, os críticos têm um entendimento diferente do que "é o mundo". Para eles, o mundo é um lugar de aplicabilidade, usabilidade, relevância, concretude, competência e rendimento. Eles assumem que "sociedade", "cultura" ou "mercado de trabalho" são (e devem ser) as pedras de toque finais deste mundo. Ousamos afirmar que essas entidades são, acima de tudo, ficcionais. Será que realmente sabemos o que é esperado pela "sociedade" (muito menos a chamada "sociedade que muda rapidamente"), ou o que é realmente útil? As listas de competências que estão na moda não são apenas quimeras que perderam toda a ligação concreta com a realidade? A insistência na importância prática e utilidade não é profundamente pretensiosa, enganadora e até fraudulenta para os jovens? Isso não quer dizer que as competências e as práticas na sociedade ou no mercado de trabalho não servem para nada. Mas mesmo que elas criem as instruções de funcionamento ou pontos de orientação, a escola faz outra coisa. A escola não está separada da sociedade, mas é única, visto que é o local, por excelência, de suspensão escolástica e profanação pela qual o mundo é aberto.

Em *Trem noturno para Lisboa*, um romance filosófico de Pascal Mercier, o professor e protagonista, Gregory, relembra seu próprio professor de grego. O que ele escreve se aplica tão bem a um professor de línguas como a um professor de matemática, geografia ou carpintaria:

A primeira aula da tarde era de grego. O professor era o diretor [...]. Ele tinha a mais primorosa caligrafia grega que se podia imaginar; desenhava as letras, principalmente as de traços arredondados, como o ômega ou o teta, ou o traço do eta que descreve um movimento para baixo. Ele amava a língua grega. "Mas amava-a de um jeito errado", pensava Gregorius no fundo da sala de aula. A sua maneira de amar era vaidosa. Não pelo fato de celebrar as palavras. Se assim fosse, Gregorius teria gostado. Mas quando aquele homem escrevia de forma virtuosa as formas verbais mais complexas e difíceis, não estava celebrando as *palavras*, mas sim a *si próprio*, como alguém que as dominava. Desta forma, as palavras se tornavam ornamentos com os quais ele se adornava, transformando-se em algo parecido com a sua gravata-borboleta de bolinhas que ele usava entra ano, sai ano. Fluíam da mão em que ele usava seu anel de brasão, como se também fossem uma espécie de joia, portanto, também supérfluas. Assim, as palavras gregas deixavam de ser realmente palavras *gregas*. Era como se o pó de ouro do anel descompusesse a sua essência grega, acessível apenas àquele que as amasse por sua causa unicamente. Para o diretor, a poesia era como um móvel raro, um vinho sofisticado ou um elegante vestido de noite. Gregorius tinha a sensação de que, com a sua presunção, o diretor lhe roubava os versos de Ésquilo e Sófocles. Ele parecia não conhecer nada dos teatros gregos. Não, ele conhecia tudo, vivia viajando para a Grécia, viagens guiadas das quais voltava bronzeado. Mas não *entendia* nada

O que é o escolar?

daquilo – mesmo que Gregorius não conseguisse explicar ao certo por quê (MERCIER, 2007, p. 39-40).

Essa passagem é particularmente expressiva por inúmeras razões, e voltaremos a ela em outro lugar. Aqui, é importante indicar com clareza o que exatamente acontece na escola quando ela "trabalha" como uma escola e o que é perdido como um resultado do egoísmo e da arrogância do reitor, nesse exemplo. Isso é *ex negativo* deduzido a partir do exemplo: *algo se torna real e passa a existir em e por si mesmo*. As palavras gregas tornam-se palavras gregas reais. E, embora isso signifique que elas não podem imediatamente ser vistas em função da sua utilidade, não significa que são supérfluas (como "joias vaidosas"). Elas passam a existir em si mesmas; não fazem nada (ou seja, nada de especial), mas são, em si, importantes. A língua se torna verdadeira língua e a língua se torna língua em si mesma, assim como em outras aulas a madeira se torna madeira real e os números, números reais. Esses *algo* começam a se tornar parte do nosso mundo em um sentido real, começam a gerar interesse e começam a nos "formar" (no sentido do conceito holandês de *vorming*). O exemplo também deixa claro que esse evento formativo não só tem a ver com a sala de aula e o professor, mas também com o amor (uma ideia à qual voltaremos).

Desse modo, entendemos a formação não como um tipo de atividade auxiliar da escola; como algo que ocorre fora das matérias de estudo atuais e que tem a ver com os valores de um ou outro projeto educacional. Em vez disso, a formação tem a ver com a orientação dos alunos para o mundo como ele é construído para existir no sujeito ou na matéria, e essa orientação diz respeito, principalmente, à atenção e ao interesse para com o mundo e, igualmente, à atenção e ao interesse para com a própria pessoa em relação ao mundo. Pennac, pensando em seus próprios professores, tenta articular o que se passa durante as aulas:

> Tudo o que sei é que três deles tinham uma paixão por comunicar seus conteúdos. Armados com essa paixão, eles me localizaram no abismo do meu desânimo e não desistiram até que eu tivesse os dois pés firmemente plantados em suas aulas, que provaram ser as antecâmaras da minha vida. [...] Esse gesto de salvar uma pessoa que está se afogando, que o agarra e puxa para cima, apesar de sua agitação suicida, a crua imagem de afirmação da vida de uma mão segurando firmemente a gola do casaco é a primeira coisa que me vem à mente quando penso neles. Em sua presença – em suas matérias – eu dei à luz a mim mesmo: um eu, que era um matemático, um eu que era um historiador, um eu que era um filósofo, um eu que, no espaço de uma hora, esquecia um pouco de *mim mesmo*, me colocava entre parênteses, livrando-me do eu que, antes de encontrar esses professores, tinha me impedido de sentir que eu estava realmente lá (PENNAC, 2010, p. 224-225).

Aqui, o (neste caso, desanimado) "eu" é suspenso em confronto com o mundo (alçado, colocado entre parênteses), o que permite um novo "eu" em relação àquele mundo que vai tomar forma e ser fabricado. Essa transformação é o que queremos referir a como formação. Esse novo "eu" é, antes e acima de tudo, um eu da experiência, da atenção e da exposição a alguma coisa. No entanto, devemos ter o cuidado de distinguir formação de aprendizagem. Ou, dito de outra forma, a formação é típica para a aprendizagem na escola. A aprendizagem envolve o fortalecimento ou ampliação do eu *já existente*, por exemplo, por meio da acumulação de competências ou da expansão da base de conhecimento do indivíduo. Aprender, nesse sentido, implica uma extensão do próprio mundo da vida do indivíduo, acrescentando algo. O processo de aprendizagem continua a ser introvertido – um reforço ou uma extensão do ego, e, portanto, o desenvolvimento da identidade. Na formação, no entanto, esse eu e o mundo da vida do indivíduo são colocados em jogo constante desde o início. A formação envolve, assim, sair constantemente de si mesmo ou transcender a si mesmo – ir além do seu próprio mundo da vida por meio da prática e do estudo. É um movimento extrovertido, o passo que segue uma crise de identidade (SLOTERDIJK, 2011). Aqui, o eu não adiciona ao conhecimento previamente adquirido, e isso acontece precisamente porque o eu está, na verdade, no processo de ser formado. O eu do aluno está, assim, sendo suspenso, dissociado: é um eu colocado entre parênteses ou um eu profano e que pode ser formado, ou seja, pode se dar a ele uma forma ou configuração específicas.

Queremos enfatizar, mais uma vez, que isso torna possível para a escola, na medida em que consegue fazê-lo, abrir o mundo para o aluno. Isso significa, literalmente, que algo (palavras gregas, uma peça de carpintaria, etc.) é tornado parte do nosso mundo e (in)forma o mundo. Informa nosso mundo em um duplo sentido: forma parte do mundo (que podemos, então, compartilhar) e *in*forma, isto é, partilha algo com o mundo existente (e, dessa forma, acrescenta algo ao mundo e o amplia). Quando algo se torna parte do mundo, isso não significa que se torna um objeto de conhecimento (algo que sabemos sobre o mundo), que é, de alguma forma, somado à nossa base de conhecimento, mas sim que se torna parte do mundo em que/pelo qual estamos imediatamente envolvidos, interessados, curiosos, e assim também algo que se torna um *inter-esse* (algo que não é nossa propriedade mas que é compartilhado entre nós). Poderíamos dizer que não é mais um "objeto" (inanimado), mas uma "coisa" (viva). Isso é, literalmente, o que vemos acontecer no filme *O filho*, dos irmãos Dardenne. Somos confrontados com um professor em ação, Olivier, um professor muito "comum", que é mais ou menos o oposto do professor descrito acima por Gregorius. Ele consegue despertar um interesse por carpintaria em um de seus alunos completamente "derrotado" e perturbado (um jovem criminoso condenado por assassinato que veio para aprender uma "ocupação", na esperança de um dia ser capaz de voltar para a sociedade). Vemos como a madeira se torna madeira real para esse aluno e não simplesmente algo com que fazer armários ou cadeiras ou para usar como combustível na lareira, ou, para essa matéria, algo que o conduz a uma ocupação que "vai levá-lo para algum lugar" (mesmo que isso pareça ser o caso). Como antes, aqui a madeira é afastada de seu próprio lugar; torna-se madeira real, em si mesma, e, portanto, torna-se, em forte sentido, uma parte do mundo desse aluno. Começa a pertencer ao seu mundo, ao que interessa a ele e o ocupa. É algo que começa a *formá-lo*, produz mudanças nele, muda a maneira como a sua vida e o mundo realmente aparecem para ele e lhe permite começar de uma nova forma "com" o mundo. Abrir o mundo não significa apenas vir a conhecer o mundo, mas também se refere ao modo como o fechado-no-mundo – isto é, a maneira determinada em que o mundo deve ser compreendido e usado, ou a maneira como ele é, realmen-

O que é o escolar?

te, usado – é aberto e o próprio mundo é tornado aberto e livre e, portanto, compartilhado e compartilhável, algo interessante ou potencialmente interessante: um objeto de estudo e de prática.

Resta ainda um ponto muito importante. Na medida em que o escolar está preocupado com a abertura do mundo, a atenção – e não tanto a motivação – é de importância crucial. A escola é o tempo e o lugar onde temos um cuidado especial e interesse nas coisas, ou, em outras palavras, a escola focaliza a nossa atenção em algo. A escola (com seu professor, disciplina escolar e arquitetura) infunde na nova geração uma atenção para com o mundo: as coisas começam a falar (conosco). A escola torna o indivíduo atento e garante que as coisas – destacadas de usos privados e posições – tornem-se "reais". Ela faz alguma coisa, ela é ativa. Nesse sentido, não se trata de um recurso, produto ou objeto para utilização como parte de uma determinada economia. Trata-se do momento mágico quando alguma coisa fora de nós mesmos nos faz pensar, nos convida a pensar ou nos faz coçar a cabeça. Nesse momento mágico, algo de repente deixa de ser uma ferramenta ou um recurso e se torna uma coisa *real*, uma coisa que nos faz pensar, mas também nos faz estudar e praticar. É um acontecimento, no sentido vivo da palavra, ou, como Pennac, apropriadamente, relata de novo:

> Eles eram artistas em transmitir suas matérias. Suas aulas eram feitos de comunicação, é claro, mas também de conhecimento dominado, ao ponto em que quase passava por criação espontânea. Sua facilidade transformava cada aula em um evento a ser lembrado. Como se a senhorita Gi estivesse ressuscitando a

história, o Sr. Bal redescobrindo a matemática e Sócrates falando através do Sr. S.! Eles nos davam aulas que eram tão memoráveis quanto o teorema, o tratado de paz ou o conceito básico que constitui sua matéria, em qualquer dia particular. Seu ensino criava *eventos* (Pennac, 2010, p. 225-226).

Pode-se formular esse "evento" como algo que nos faz pensar, desperta nosso interesse, torna algo real e significativo, um assunto que importa. Uma prova de matemática, um romance, um vírus, um cromossomo, um bloco de madeira ou um motor – todas essas coisas são tornadas significativas e interessantes. Esse é o acontecimento mágico da escola, o *movere* – o movimento real – que não deve ser rastreado até uma decisão individual, escolha ou motivação. Enquanto a motivação é uma espécie de caso pessoal, mental, o interesse é sempre algo fora de nós mesmos, algo que nos toca e nos leva a estudar, pensar e praticar. Leva-nos para fora de nós mesmos. A escola se torna um tempo/espaço do *inter-esse* – do que é compartilhado entre nós, o mundo em si. Naquele momento, os alunos não são indivíduos com necessidades específicas que escolhem onde eles querem investir seu tempo e energia; eles são expostos ao mundo e convidados a se interessarem por ele; um momento em que a verdadeira *comun-icação* é possível. Sem um mundo, não há interesse nem atenção.

IX. Uma questão de tecnologia
(ou praticar, estudar, disciplina)

Muitas vezes eu tive que me arrastar para a minha carteira. Os trabalhos de casa e outras tarefas estavam apenas sentados lá esperando por mim, sempre impacientes, sempre a fonte de uma luta constante. Eu tentei me forçar e, quando necessário, me seduzir a estudar evocando o inferno ou prometendo a mim mesmo o paraíso. Mas esses diálogos íntimos nem sempre funcionavam. Eu conhecia muito bem minhas próprias fraquezas. Eu sabia qual a distração que podia me seduzir. O que me convenceu a estudar, a praticar, para dar partida nas coisas? Para ser honesto, nada e ninguém. É um comando estranho: você deve estudar, você não deve apenas enfrentar a tarefa, mas você também deve se dedicar à tarefa. Não foi uma ordem de meus pais ou professores que me levaram a ver a importância de um diploma. Suas advertências eram, na melhor das hipóteses, uma reflexão tardia inoportuna. Eu nunca encontrei uma explicação para esse comando. Nem mesmo mais tarde, como um estudante de filosofia. A exigência de estudar e praticar não é um imperativo hipotético – não está ligada a condições ou propósitos. Mas também não é um imperativo categórico – não é uma exigência derivada de um puro desejo. Um pensamento selvagem: talvez o meu ponto cego seja o ponto cego de toda a filosofia. A filosofia por e para adultos. E se a escola traz o tempo e o mundo à vida, gera curiosidade e torna possível a experiência de tirar a vida de alguém com as próprias mãos, incute o impulso para conseguir algo? Trata-se do nascimento da consciência pedagógica e do imperativo pedagógico. Uma pessoa que pode se tornar interessada, que tem que estudar e praticar, aprimorar e dar forma a si mesma. "Faça o seu melhor", "continue", "observe de perto", "preste atenção", "experimente", "comece"- esses *são os pequenos gestos de uma grande filosofia da escola. E de onde vem o amor pela escola? Talvez devêssemos explicar o nosso esquecimento da, e talvez até mesmo ódio pela escola em primeiro lugar.*

Não há nenhuma curiosidade e interesse sem o trabalho – mas isso também significa que curiosidade e interesse devem ser tornados *possíveis*, assim como o mundo deve ser processado como tal, isto é, apresentado. Nesse ponto, chegamos à dimensão técnica da escola (que existe paralelamente ao papel do professor, que será discutido mais tarde). Escola e tecnologia podem, à primeira vista, parecer ser uma estranha combinação. De fato, a partir de uma perspectiva humanista, é frequentemente assumido que a tecnologia é principalmente de interesse para o mundo produtivo e domínio da natureza e do homem. A autorrealização, argumenta-se, tem lugar na esfera da cultura, das palavras e significados, do conteúdo, do conhecimento fundamental. A tecnologia, por outro lado, pertence ao domínio da fabricação e da manufatura, do aplicável, da lógica instrumental. A partir de uma perspectiva humanista, a tecnologia é algo que deve ser mantido fora da escola ou, pelo menos, algo que deve ser cuidadosamente abordado em termos de um meio que permita à chamada pessoa bem formada alcançar seus fins humanitários: em primeiro lugar, a aquisição de entendimento e conhecimento básicos e, em segundo, a tradução disso em técnicas e aplicações concretas. Mas, dar forma à escola, ou seja, estimular o interesse por cuidadosamente criar e apresentar o mundo, é inconcebível sem a tecnologia.

Aqui estamos pensando muito simplesmente no quadro-negro, no giz, no papel, na caneta, no livro, mas também na carteira e na cadeira. A arquitetura e o arranjo espacial da escola e da sala de aula também são relevantes. Essas coisas não são ferramentas ou ambientes que podem ser usados livremente ou que são usados de acordo com a intenção de alguém. O aluno ou o professor não assume, automaticamente, o controle sobre elas. Mais exatamente, sempre há um elemento inverso no trabalho: esses instrumentos e espaços reafirmam o controle sobre o aluno e o professor. De certa forma, a classe expulsa o ambiente imediato e torna possível que algo do mundo esteja presente. Sentar em uma carteira não é apenas um estado físico; isso também acalma e focaliza a atenção: um lugar para sentar e ficar à vontade. A lousa não é apenas uma superfície em que a matéria aparece na forma escrita. Muitas vezes, a lousa mantém o professor com os pés no chão. Passo a passo, um mundo é levado a se revelar diante dos olhos dos alunos. Escrever esboços do curso é uma clássica atividade do quadro-negro. Os resumos de aulas anteriores trazem nossas mentes de volta para o momento de sua composição – e são, normalmente, difíceis de decifrar para os alunos que perderam a própria aula. Esses instrumentos são, assim – por enquanto –, parte do que nós gostaríamos de chamar de tecnologia escolar. Mas eles não estão sozinhos. A sua força de trabalho se encaixa com uma abordagem, um método de aplicação e atos concretos. Aqui podemos falar de *métodos de ensino* e, mais particularmente, métodos que tanto geram *interesse* quanto *abrem* o mundo ou o *apresentam*. Muitos desses métodos de ensino ainda estão cravados em nossas mentes como arquétipos (conjuntos de problemas de álgebra, ditados, ensaios, apresentações de aula, etc.). Isso talvez aconteça porque esses métodos têm um forte caráter escolástico – e só são eficazes como parte de uma tecnologia escolar. Aqui, novamente, é útil trazer Daniel Pennac:

Então, o ditado é reacionário? Ele é, certamente, ineficaz se tratado negligentemente por um professor interessado apenas em deduzir notas a fim de chegar a uma pontuação final. [...] Sempre pensei no ditado como um encontro frontal com a língua. A língua como som, como história, como raciocínio; a língua como ela se escreve e se constrói, ou seja, significando conforme esclarecida por meio da correção meticulosa. Porque o único objetivo de corrigir o ditado é acessar o significado exato do texto, o espírito da gramática, a riqueza das palavras. Se a nota se destina a medir algo, é certamente a distância percorrida pelas partes interessadas nessa jornada em direção à compreensão. [...] No entanto, é grande o meu terror na infância quando aparecia o ditado – e Deus sabe que meus professores o administravam como invasores abastados sitiando o quarteirão mais pobre de uma cidade – eu sempre fui curioso sobre aquela primeira leitura. Cada ditado começa com um mistério: o que está prestes a ser lido para mim? Alguns ditados da minha infância eram tão bonitos que eles continuavam a se dissolver dentro de mim como uma gota de pera muito depois de eu ter recebido a minha ignominiosa nota (PENNAC, 2010, p. 113-115).

O ditado, como Pennac o descreve, habilmente evoca dois aspectos particulares da tecnologia escolar. Um ditado é um evento em que o mundo é comunicado – "um encontro direto com a língua" – e que desperta o interesse. Um ditado também é uma espécie de jogo. O texto é removido de seu uso comum e oferecido ao ato da escrita como tal, ou seja, ao exercício e estudo da língua como um todo. Nesse sentido, sempre há algo em risco: a língua é colocada em jogo, e também os alunos. Eles ocupam uma situação inicial – "nesta jornada para o entendimento".

Exatamente como qualquer outro método de ensino, o ditado torna explícito o lugar do professor como mediador que conecta o aluno ao mundo. Esse encontro permite ao aluno deixar seu imediato mundo da vida e entrar no mundo do tempo livre. Nesse sentido, um método de ensino deve, constantemente, ser conectado ao mundo da vida dos jovens, porém, exatamente para removê-los de seu mundo de experiência. As regras para um ditado são claras; todos sabem o que ele é e como ele funciona. Um ditado é um ditado. Esse é um puro método de ensino. Mas a "eficácia" dos métodos de ensino escolares repousa, especialmente, nos pequenos – frequentemente muito pequenos – detalhes que despertam a curiosidade dos jovens, proclamam a existência de novos mundos e incitam os alunos a se dedicarem a iniciar algo (ou seja, praticar e estudar). Essa minúcia implica que a curiosidade pode, rapidamente, tornar-se insegurança, que os alunos podem se recusar a jogar o jogo e que o encontro com o mundo pode ser enganoso. Em tal situação, o encontro com o ditado é experimentado pelos alunos como uma proclamação pública de sua incompetência ou ignorância. Um método de ensino escolástico não centraliza seu foco na incompetência ou ignorância do aluno. Se ele fizesse isso, um ditado se tornaria outra forma de teste ou exame e colocaria os alunos numa posição de culpa e incompetência até que provem o contrário. Acima de tudo, o método de ensino escolástico torna a experiência de fazer e aprender – a experiência de "eu quero ser capaz de fazer isso ou saber isso" – possível, despertando, idealmente, uma nova dedicação à prática e ao estudo. Pode-se também chamar isso de "autoconfiança" e "crença em si mesmo", mas com o importante adendo de que, na escola, essa confiança ou fé sempre envolve *alguma coisa* (do mundo). A experiência é, consequentemente, uma experiência de ponto de partida – uma experiência de ser capaz de fazer alguma coisa. Certamente, duvidar de si mesmo pode manifestar depois que essa experiência de ter sido capaz de fazer algo foi alcançada. Há também a tentação de resignar-se à incompetência com base em tentativas fracassadas anteriores. Mas um método de ensino bem-sucedido, assim como um ditado bem-sucedido, implica o rompimento desse elo com o passado (e suas experiências negativas de incapacidade e ignorância), permitindo, desse modo, começar a prática. Essa experiência escolar positiva pode ser descrita como a experiência de "não ser capaz de fazer algo". O ditado e qualquer outro método de ensino lembram ao jovem exatamente isso, *na medida em que eles fazem ou efetivam a escol*a. O risco de que uma experiência inicial emancipatória vai se transformar em uma rendição à incompetência existe em todas as técnicas escolares: tempo, espaço e recursos são organizados para tornar possível a experiência de ponto de partida e o evento de encontro. Permitem a experiência de estar envolvido em prática e estudo interessantes, mas não a fabricam. A aplicação correta de uma técnica não garante que os alunos irão se entregar, automaticamente, à prática e ao estudo. O registo da tecnologia escolar é, nesse sentido, mais mágico do que mecânico, mais de um tipo alquímico do que de uma cadeia de reação química (Stengers, 2005). O que não quer dizer que tudo isso é apenas uma questão de fé cega ou de esperar para ver. Isso significa que as tecnologias escolares são de natureza experimental, para serem sempre melhoradas por tentativa e erro, uma e outra vez. O ensino, o estudo e a prática são um *trabalho*. Encontrar a forma e formar alguém requer esforço e paciência.

Há outros numerosos exemplos de métodos de ensino. Considere a apresentação da aula sobre um tema atribuído ou escolhido. Não apenas é importante o momento em si, mas também o é o processo de preparação; é um exercício em selecionar e falar em público, mas também de estudar e escrever. Os alunos muitas vezes transformam alguma coisa de seu próprio mundo (um *hobby*, por exemplo) em seu objeto de estudo escolhido. Assumem o papel do professor – porém, não inteiramente. Observando atentamente a vítima na frente da sala, os colegas são transformados em uma plateia de professores sentados – mas não totalmente: continua a ser um jogo em que os próprios alunos e algo do seu mundo são acionados. Isso também é verdade para a redação – há algum outro termo com uma conotação mais escolástica? Aqui, também, podemos falar do "encontro frontal com a língua" que, ao mesmo tempo, também é um encontro frontal com suas próprias habilidades (de escrita). É um exercício e, portanto, ainda é, em parte, sobre fazer pelo amor de fazer. Uma vez que os jovens deixam a escola, não têm mais de escrever redações escolares. Eles têm, no entanto, de ser capazes de escrever em uma ampla variedade de estilos e sobre uma ampla variedade de assuntos. Mas na escola, a escrita é para ser praticada e o ensaio é, possivelmente, o principal significante para esse exercício total. Os testes (integrados) em programas com orientação mais técnica e vocacional são exemplos adicionais de tecnologia escolar. Aqui, é claro, a aplicação, o planejamento e a confecção de coisas concretas têm precedência. Mas os alunos técnicos e vocacionais também são colocados nessa situação inicial que lhes permite começar com alguma coisa. Eles dão forma a algo e, ao mesmo tempo, formam a si mesmos. O mundo produtivo está situado ao longe, de modo que o planejamento, desenvolvimento, criação, invenção e apresentação tornam-se importantes em si mesmos. É principalmente um exercício para testar as próprias habilidades e conhecimentos do indivíduo; uma tecnologia escolar em que a tentativa é central. Tarefas, lembretes e conjuntos de problemas são mais uma forma tipicamente escolar de método de ensino. As tarefas são muitas vezes apresentadas como a forma ideal de tornar a matéria tangível, demonstrar sua aplicabilidade e, assim, consolidá-la como o último passo para a verdadeira aplicação à vida real. Mas a sua função escolar exerce influência sobre outra coisa. As tarefas trazem o mundo para a sala de aula, mas também o deixam do lado de fora. Oferecem a facilidade de reconhecimento, mas, ao mesmo tempo, chamam a atenção para alguma coisa. E é precisamente por isso que elas são exercícios. Ao completar as tarefas – e, portanto, ao confrontar algo concreto – os alunos são antes e acima de tudo confrontados com eles mesmos. A ênfase não está na resolução de problemas sociais concretos – e a pressão e as expectativas que vêm com eles. Ao contrário, quando a fronteira entre as atribuições escolares e os problemas sociais concretos desaparece, as atribuições não são mais exercícios. Naquele momento, os alunos são, repentinamente, tratados como especialistas e as atribuições, lembretes, conjuntos de problemas, questões hipotéticas, etc., perdem a sua função de educação escolar. Não mais colocam os alunos em condições de tentar e praticar. Ou, formulado de forma mais marcante: na escola, não há problemas, apenas questões.

O que é o escolar?

Também há tecnologias de educação escolar menos óbvias. Considere a memorização, por exemplo. Ou recitar um poema, copiar um texto. A aritmética mental e as tábuas de multiplicação são outros exemplos. A partir da perspectiva da aplicabilidade, essas atividades são inúteis. Certamente, é possível defendê-las apontando a sua habilidade e eficiência: a aritmética mental é útil e eficiente porque seu cérebro está sempre à sua disposição e você não precisa chegar imediatamente a uma calculadora. Mas na procura do significado dessas tecnologias de educação escolar, pode ser prudente olhar para outra direção. Talvez elas tenham um significado principalmente *formativo*, especialmente se entendem a formação como "formar alguém". Então, tornam-se exemplos de uma espécie de ginástica escolástica. Os seres humanos praticam e estudam por meio dessas tecnologias – as quais têm uma longa história e um lugar proeminente na antiguidade grega. Elas são técnicas básicas para a pessoa experiente e culta que se esforça para alcançar e manter certo nível de vigor mental, do mesmo modo como as técnicas na educação física aprimoram o corpo em movimento.[5] Podemos falar aqui de "técnicas do *self*" porque os próprios alunos – não os professores – as utilizam para se colocarem numa situação inicial.[6] Na análise final, o significado dessas técnicas não se aloja em algum fim último – elas são, de certa forma, "infinitas". Sua importância reside, precisamente, na própria experiência de *ser capaz de começar*, que se repete de novo e de novo. Em

---

[5] Ver também: Joris Vlieghe (2010).

[6] Para uma história dessas técnicas (mesmo se seus significados formativos e pedagógicos não são enfatizados tanto quanto seu significado ético), ver: Michel Foucault (2001) e Peter Sloterdijk (2011).

suma, é a experiência de recomeço, tão típica do ato de memorização. É através desse movimento repetitivo que o eu do aluno toma forma; a palavra falada e escrita, mas também os números tornam-se incorporados no aluno. A pessoa torna-se experiente, culta, proficiente na aritmética mental. E, é claro, quando são formadas dessa maneira, elas não são imediatamente empregáveis para a realização de uma tarefa única muito específica ou de um trabalho, mas, de certa forma, estão preparadas, em forma. Pôr em dúvida a utilidade das tecnologias descritas aqui também implica pôr em dúvida o valor da preparação e do tempo livre.

A técnica definitiva de escolar que vamos discutir aqui é o exame. Podemos conceber a escola sem o exame? Provavelmente não. Mas talvez a razão para isso não seja encontrada na função de qualificação do exame. Esta função de qualificação é atribuída à escola pelo governo, em nome da sociedade: diplomas credenciados e certificados de qualificação organizam o fluxo de alunos no ensino superior e no mercado de trabalho. Ou os certificados emitidos pela escola funcionam como prova da importância do tempo coletivo que os graduados passam na escola, que, por sua vez, reafirma a importância desse tempo. A razão também não será encontrada na função normalizadora do exame. É verdade que os professores recolhem informações sobre cada aluno com base nos resultados de teste. Isso é usado, principalmente, para indicar a média ou o nível médio do conhecimento padrão, que então aciona as declarações sobre o aluno com desempenho baixo, médio e alto e, eventualmente, "normaliza" (uma vez que os resultados de testes elaborados a partir de um longo período de tempo, por múltiplos exames, se equipara a um único resultado de teste "abrangente") as declarações sobre o aluno de baixo desempenho, o aluno médio e o adiantado. Do ponto de vista das tecnologias de educação escolar, o exame tem, pelo menos, outro significado: a preparação para o exame. A preparação para o exame é fundamental, sendo o esforço e não o resultado o que conta. O (processo para o) exame, muitas vezes, cria um período de estar liberado (de outras tarefas) e um espaço em que os alunos podem se aplicar à matéria de uma forma concentrada. Durante esse intensivo período de estudo e prática, a preparação como tal é o que está em risco. O exame é, portanto, uma ferramenta pedagógica para *exercer pressão*. O propósito do exame não é levar o jovem ao desespero ou celebrar a ignorância do aluno, e muito menos contrapor um aluno bem preparado contra outro, visando classificá-los. O exame fornece a pressão necessária para estudar e praticar. Existe uma avaliação, é claro, mas ela é, frequentemente, de importância apenas simbólica. Não que o exame não seja importante para o professor, e menos ainda para o aluno. Muito pelo contrário. Trata-se da avaliação do teste ao qual o aluno se submeteu e de trazer esse teste a uma conclusão. É importante reiterar que o exame não é um (único) teste de um ou outro talento natural. Uma avaliação não é definitiva, ou seja, a possibilidade de um reexame está sempre presente e, com ele, uma crença em começar de novo e tentar novamente. Uma escola é concebível sem o ritual do exame? Também há, muito provavelmente, outros possíveis meios pedagógicos que exercem pressão e outras formas de completar uma carreira de educação escolar com um gesto de conquista.

Um conceito que ainda não mencionamos em defesa da tecnologia da educação escolar é a *disciplina*. Este, também, é um termo que não é, entusiasticamente, recebido nos círculos educacionais atuais. Juntamente com termos como *autoridade*, a disciplina pertence à terminologia pedagógica que nós preferiríamos esquecer. Parece que nós, imediatamente, ligamos disciplina à opressão, subjugação, repressão, controle e vigilância, complacência e obediência. Apesar disso, queremos readotar o termo por – presumivelmente – atribuir-lhe um significado positivo de educação escolar e que expressa um componente fundamental de tecnologias da educação escolar. A prática e o estudo são impossíveis sem alguma forma de disciplina, ou seja, sem seguir ou obedecer a inúmeras regras. As regras da escola não são regras para a vida (para viver a vida boa) e não são regras políticas (padrões ou leis para a ordem/ordenar a sociedade). E, nesse sentido, elas não foram projetadas para iniciar os jovens em um grupo ou sociedade por meio da submissão. Por regras escolares queremos dizer as regras específicas para um dado método de ensino, tal como ditado, mas também as regras estabelecidas pelo professor – quer explícitas ou implícitas – com o objetivo de manter os alunos ocupados na sala de aula. Não são regras pelo bem das regras e, assim, não exigem submissão e obediência pelo bem da obediência. Essas regras escolares servem para tornar possível apresentar o mundo de uma maneira atraente: tentam focalizar a atenção, minimizar a distração e manter (ou, evitar, quando necessário) o silêncio. Elas também são as pequenas regras pessoais que orientam os alunos durante o estudo e a prática. Como poderíamos escrever ou ler sem essas regras e formas de disciplina? Por conseguinte, queremos reservar o termo "disciplina" para seguir ou obedecer às regras que ajudam os alunos a alcançarem aquela situação inicial em que podem come-

O que é o escolar?

çar ou manter o estudo e a prática. Dito de outra forma, deixar seu próprio mundo da vida e elevar-se acima de si mesmo requer um esforço sustentado, facilitado por respeitar as regras. Nesse sentido, a tecnologia da educação escolar e as regras ligadas a ela são o que torna possível para as pessoas jovens passarem a ser "discípulos". Isso é disciplina como tecnologia da educação escolar – embora esteja claro que a sociedade e a política têm se tornado cada vez mais interessadas em usar essa tecnologia para dominar e domar seus cidadãos.

As tecnologias da educação escolar, como as que descrevemos acima, não são, de forma alguma, ferramentas que, quando usadas corretamente, produzem jovens bem formados, como produtos acabados saídos de uma linha de montagem. Não são tecnologias organizadas pela velha geração para manipular a nova geração, embora esse perigo, certamente, ainda exista – reformadores conservadores e progressistas, de maneira similar, têm acumulado um grande arsenal de tecnologias de educação escolar para servir às suas ideias políticas. As tecnologias da educação escolar são técnicas que, por um lado, engajam os jovens e, por outro, apresentam o mundo; isto é, focam a atenção em alguma coisa. É apenas dessa maneira que a escola é capaz de gerar interesse e, assim, tornar possível a "formação". Uma tecnologia da educação escolar é ajustada para tornar possível o tempo livre. Mais especificamente, é uma técnica que permite o próprio "ser capaz" ou que faz a experiência do "posso fazer isso/ sou capaz" ser possível. Nesse sentido, não é uma técnica que o homem aplica à natureza para manipulá-la. É uma técnica habilidosa inventada pelo homem para ser aplicada ao homem, a fim de permitir que o homem exerça influência sobre si mesmo, modele a si mesmo e adquira sua própria forma, por assim dizer. Nesse contexto, também há uma necessidade da tecnologia da educação escolar: uma teoria de técnicas com o potencial único de induzir a atenção e o interesse e apresentar ou abrir o mundo.

X. Uma questão de igualdade
(ou ser capaz de começar, in-diferença)

Conhece todos eles. As estatísticas e os artigos de jornal. Os imigrantes que ficaram para trás antes mesmo de porem os pés em uma escola. Os filhos de pais solteiros – isso ainda é um risco. O diploma da mãe. Cuidado! O status socioeconômico; o acrônimo SES fala por si hoje. Ele sabe que essas são correlações, e não relações causais. São chances e médias. Também sabe que os jornais são rápidos em culpar e dar nomes. Conhece os números. Mas não reconhece seus alunos neles. Talvez ele o fizesse se realmente tentasse, ou se tudo se tornasse demais para suportar, muito cansativo, ou se ele se retirasse do papel de professor – e deixasse de ser ele mesmo. Stevie está tendo problemas na sala de aula – um daqueles alunos com uma situação ruim em casa. Naomi está causando problemas; está esperando até que possa sair e encontrar um emprego, assim como seus irmãos e irmãs, seus primos e seus pais fizeram na sua idade. Seus avós também. E depois há Amir, o inteligente marroquino – a exceção que confirma a regra. Mas se ele se permite ser o seu eu bem preparado, não pensa em termos de estatísticas; não se deixa ficar preso nas regras, padrões e indicadores. Ele está irritado pela visão de pássaro que insiste em calcular a média de seus alunos e dele mesmo, o seu trabalho, em uma estatística. Isso quebra a sua concentração. Como se alguém estivesse olhando por cima de seu ombro, obrigando-o a ver seus alunos e seu trabalho a partir de outra perspectiva. Um mundo de fantoches; capital social e outros que levianamente se acumulam sobre si mesmos e, sem piedade, reproduzem a desigualdade. Na sala de aula, durante a aula, esse mundo não existe. Ingênuo. Mas ele gosta de pensar nisso dessa maneira. Não pode ajudar a si mesmo. Os alunos merecem ser tratadas pelo nome. Ele permanece fiel à sua crença de que estar interessado não é inato e de que talento e inteligência não podem ser assumidos como ponto de partida. Essas qualidades tendem a se mostrar somente mais tarde. No que lhe diz respeito, estão prestes a estar ali para todos e ninguém em particular. E isso significa que ele, às vezes, tem que se certificar de que Stevie, Naomi, e mesmo Amir, mantêm suas mentes na aula. Mas a aula não é sobre eles. É sobre a matéria, chamando a atenção para as coisas, dando um gosto, insistindo no estudo e na prática, despertando o interesse. Em seu mundo, também há diferenças; o estudo e a prática exigem esforço, afinal. Essas diferenças têm um nome: Stevie, Naomi e Amir. Quando se trata de proporcionar novas oportunidades, apega-se à sua ingenuidade contra o (suposto) melhor julgamento de outros. Isso é exigido dele por sua matéria e seus alunos. Igualdade de oportunidades e igualdade social — essas coisas estão além de seu poder. Ele não é um titereiro.

Que a escola desativa, *temporariamente*, o tempo comum também significa que ela desempenha um papel específico na questão da (des)igualdade social. A este respeito, talvez nenhuma outra visão sobre a escola tenha atraído mais análise científica do que a afirmação tantas vezes repetida de que a escola não faz nada mais do que perpetuar – e talvez até mesmo fortalecer – as desigualdades sociais existentes. De fato, desde os anos 1960, estudo após estudo tem sido publicado "provando" que a escola reproduz as desigualdades sociais existentes e até mesmo cria novas. Nesse sentido, torna-se difícil refutar a acusação de corrupção e consolidação de poder. Em nossa opinião, isso é uma deturpação; a alegação de que a escola reproduz as desigualdades sociais perverte e deturpa o conceito de escola como tal. Na verdade, talvez não haja nenhuma invenção humana mais habilitada em criar a igualdade do que a escola. É exatamente no (re)conhecimento disso que o sonho da mobilidade social, do progresso social e da emancipação – que, em todas as culturas e contextos, tem sido radicado na escola desde a sua invenção – é nutrido. (Re)conhecer essa função também explica nossa duradoura fascinação pelos inúmeros filmes feitos desde o nascimento do cinema que retratam a escola e, particularmente, o professor como agentes capazes de ajudar os alunos a escaparem de seu mundo da vida e de seu (aparentemente predestinado) lugar e posição na ordem social. Talvez não seja coincidência que esses filmes são quase tão populares como as histórias de amor. De certo modo, como veremos em breve, eles, realmente, *são* histórias de amor. Na verdade, (re)conhecer esse efeito explica, simultânea e inversamente, muito da suspeita e até mesmo o ódio direcionado para a escola. Se a escola pode ter tal efeito, então ela também é capaz de impedir e interromper os planos que avôs/pais e avós/mães fizeram para seus netos/filhos e netas/filhas, do mesmo modo que

O que é o escolar?

pode inibir e ameaçar os planos que os líderes religiosos e políticos (sejam eles inovadores sociais ou conservadores, estadistas ou revolucionários) têm para seus cidadãos ou seguidores. Na verdade, a escola já consegue isso sempre, apesar dos melhores esforços de pais, mães, líderes religiosos, estadistas e revolucionários para ficar em seu caminho, usando a escola para os seus próprios propósitos e ideais. A escola, nesse sentido, sempre tem a ver com a experiência de *potencialidade*.

Os elementos que "fazem" a escola – suspensão, profanação, o mundo, atenção, disciplina, técnica – estão conectados (ou, certamente, podem ser conectados) com a experiência da habilidade e da possibilidade. Pennac estava se referindo a isso quando disse que o professor deve tentar trazer os alunos para dentro do "presente indicativo" a fim de libertá-los do peso das dinâmicas sociológicas e outras que, de outra maneira, os empurra para baixo em uma psique de inutilidade. Trazê-los para o tempo presente ou chamar sua atenção para o ponto pode produzir uma situação na qual esse peso é suspenso, criando uma experiência de habilidade ou prontidão nos alunos e permitindo ao professor assumir que cada um "tem a habilidade para...". Em outras palavras, os espaços escolares surgem como o espaço *par excellence*, em que a igualdade para todos é averiguada. Essa igualdade, então, se torna o ponto de partida, uma suposição de que o tempo é de novo e de novo verificado. A igualdade de cada aluno não é uma posição científica ou um fato provado, mas um ponto de partida prático que considera que "todo mundo é capaz" e, portanto, que não há motivos ou razões para privar alguém da experiência de habilidade, isto é, a experiência de "ser capaz de" (RANCIÈRE, 1991). Essa experiência não apenas significa que alguém pode se separar de sua posição normal (crianças se tornam estudantes/alunos de escola), mas também que *alguma coisa* pode se separar de seu uso normal (material se torna matéria, ou seja, matéria de estudo ou material de prática). Pennac descreve esta última afirmação bastante eficazmente. Mostra que o professor que "faz" a escola faz isso por meio de uma dupla manobra: ele (o professor) diz que "isso é importante, e considero isso como meu dever ou responsabilidade de apresentá-lo a você", mas exatamente por apresentar – tornando algo presente – ele também está dizendo, "e eu não posso e não vou dizer a vocês como usá-lo mais tarde (na sociedade)". Ele libera material para o uso e é precisamente essa *liberação* que torna as coisas *públicas*, presentes, apresentadas, partilhadas. Como já indicamos, a escola é, portanto, um lugar que transforma *algo* em um objeto de estudo (o conhecimento pelo bem do conhecimento) e em um objeto de prática (a habilidade pelo bem da habilidade). O estudo e a prática são atividades que já não servem (um meio para) um fim ou um propósito final, mas sim tornam novas conexões possíveis precisamente porque elas são removidas deles. Essa situação em que alguma coisa é separada de seu suposto propósito e tornada aberta para novas conexões é, em tantas palavras, a *situação inicial* que discutimos anteriormente. É uma situação em que se experimenta a capacidade e a possibilidade de falar (de uma maneira nova, original, que cria novas ligações entre palavras e coisas), de agir, de ver, etc.

Hoje, um aparato de detecção e classificação de alcance cada vez mais longo foi desenvolvido em nome da garantia de um futuro para os nossos filhos (e nós mesmos). Este aparato transforma as crianças e os jovens em objetos de classificação e intervenção e os tranca em suas chamadas individualidade e diferenças mútuas (sua aptidão típica,

O que é o escolar?

seu talento único, seu nível particular de desenvolvimento, suas limitações, as condição de seu cérebro, etc.). Usando a singularidade e as diferenças mútuas entre as crianças e os jovens como um ponto de partida, pressupõe, de uma forma ou de outra, uma efetiva desigualdade de capacidade. No entanto, a escola e o professor que visam manter as mentes dos alunos no início da aula partem do pressuposto de que todos os alunos têm igual capacidade. Nesse pressuposto, a escola e o professor proporcionam um benefício – algo que se torna um "bem público" e, consequentemente, coloca a todos numa posição inicial igual e fornece a todos a oportunidade de começar. Para a escola e o professor, a igualdade do aluno é uma hipótese prática – não é uma certeza científica – que alguém se esforça para verificar enquanto leciona. Naturalmente, ao realizar essa verificação, o professor pode e vai levar em consideração o aluno individual, sua situação e suas questões. Mas essa atenção às diferenças pertence ao reino do próprio ensino e é separada da construção de um sistema de ensino baseado nas chamadas diferenças e desigualdades factuais ou naturais.

Isso não significa que não pode haver diferenciação dentro da escola. O que é problemático é a diferenciação imposta pela sociedade sobre a escola em nome de uma necessidade natural ou outra qualquer. O peculiar para as formas de diferenciação de educação escolar é que elas são sempre de um caráter artificial. São convenções de educação escolar, e não imposições sociais. Não são absolutas e não predeterminam a posição e as oportunidades dos alunos. Considere o exemplo mais comum e, em alguns aspectos, a base mais "natural" para a diferenciação: a idade. Isso é, eminentemente, uma questão de convenção. Naturalmente, é tentador legitimar essa convenção em termos de um

Coleção "Educação: Experiência e Sentido"

processo de desenvolvimento biológico e cognitivo – a maturidade – dos jovens. Mas a natureza não segue o calendário humano, e, mais importante, o caráter puramente convencional do critério de idade torna-se claro quando se considera como ele se sustenta no que diz respeito às oportunidades do aluno. O caráter artificial das diferenças da educação escolar talvez seja mais evidente nas histórias familiares e fascinantes sobre a escola: a história dos alunos difíceis que perseveraram e têm êxito contra todas as probabilidades e conselhos; a história do professor cujo simples comentário toca profundamente um aluno e o mantém frequentando a escola; o aluno que, de repente, se torna interessado e se eleva acima de si mesmo. Do ponto de vista estatístico, esses são os forasteiros não significativos. Mas a razão pela qual eles ainda continuam a nos atrair é porque essas histórias expressam a singularidade da própria escola. Somos sacudidos nos nossos sentidos e, de repente, vemos que o que uma vez pensamos ser um fato inabalável ou um dado natural era, na verdade, um preconceito. Lembram-nos de que todos os critérios, classificações e diferenciações são convenções – convenções que devemos, continuamente, ousar questionar. Em outras palavras, devemos avaliar e talvez redesenhar a maneira como a escola funciona usando esses eventos de "histórias de sucesso" significativas como um pano de fundo: em função delas, é melhor apegar-se a certos tipos de conhecimentos e classificações? E isso em contraste com a tendência a considerar as histórias de sucesso como casos estatisticamente insignificantes que legitimam a estrutura e as convenções em vigor. Alegamos que a escola tem o dever de continuar a acreditar no potencial da próxima geração: cada aluno, independentemente de antecedentes ou talento natural, tem a capacidade de se tornar interessado em alguma coisa e se desenvolver de maneira significativa. O que acontece na escola a esse respeito é sempre "inatural", "improvável". A escola vai contra as "leis da gravidade" (por exemplo, a "lei natural" que diz que os alunos de um dado *status* socioeconômico não têm interesse num determinado tema ou coisa) e se recusa a legitimar as diferenças baseadas na "gravidade" específica dos alunos. Não porque a escola, em sua ingenuidade, negue a existência da gravidade, mas porque a escola é um tipo de vácuo no qual é dado tempo aos jovens e aos alunos para praticarem e se desenvolverem. E as "histórias de sucesso" sobre escolas, professores e alunos, recontadas em inúmeros filmes, continuam a nos impressionar porque nos lembram de todo o significado da escola. É um significado relacionado com a hipótese prática da igualdade como parte dos trabalhos da escola.

XI. Uma questão de amor
(ou amateurismo, paixão, presença e mestria)

"Eu? Sou um professor." E então, silêncio. Sei o que aquele silêncio significa: férias generosas, segurança de emprego, mas monotonia, um emprego ideal para pessoas com filhos. Admiração, também. Você tem que se empenhar em dia letivo após dia letivo – e com a juventude de hoje, que está dizendo algo. Mas eu também sinto incompreensão: quem retorna, voluntariamente, para aquele lugar amaldiçoado depois de 18 anos de ensino, sabendo que você estará seguindo o papel de alguém que você, como um aluno, nem sempre – para dizer de maneira leve – respeitou? O que eu sei agora – e é uma compreensão que é imune aos costumeiros comentários

sutis e não tão sutis – é que esse é um trabalho diferente de qualquer outro. Eu amo minha profissão, meus alunos. Às vezes isso é demais para mim. Claro que é! Nesses momentos, às vezes penso: se eles só me pagassem por hora, ou pagassem o dobro por horas extras, o triplo pelo trabalho de final de semana. Mas esse pensamento é sempre, imediatamente, seguido por este: eu não faço isso por dinheiro. Obviamente. Como eu poderia? Eu moro em um lugar onde a comunidade deixa seus filhos para trás, dando-me tempo para fazer coisas interessantes com eles enquanto seus pais estão sendo produtivos em casa ou no trabalho. O primeiro dia de aula: não é só um dia especial para as crianças e jovens, mas também para nós professores. O dia nunca deixa de me fascinar; ele aciona alguma coisa, parece reunir todos. É uma espécie de festa com discursos e promessas de todos os tipos, e emocionante também; as coisas estão acontecendo, nunca inteiramente sob controle. Estou plenamente consciente de que esses pais estão me confiando seus filhos; a sociedade confia que sou bom professor. Mas também percebo que se trata de uma confiança frágil. Talvez isso explique o desejo de segurança, de garantias de qualidade, responsabilidade estrita, o impulso obsessivo para a inovação, os padrões e os perfis profissionais mensuráveis – a profissionalização do professor como um medicamento contra as violações de confiança, uma pílula para evitar os ataques de ansiedade de uma sociedade competitiva, que insiste na máxima exploração de talentos. Percebo que não há essa coisa de confiança cega. Mas também sei que as medidas inspiradas pela desconfiança, suspeita ou medo, sejam ou não envoltas na retórica do profissionalismo

> *e da qualidade, são um maneira infalível*
> *para me curar do meu amor.*

A escola como uma forma de tempo livre *é feita* e deve *ser feita*. Nós já mostramos que essa forma é criada por meio do estabelecimento de limites e regras: pelo tempo escolar (a campainha) e pela disciplina escolar, por fechar as portas, mas também pelos quadros-negros, mesas, livros, salas de aula, etc. Eles ajudam a permitir a abertura e compartilhamento do mundo que se deve experimentar a fim de "ser capaz de começar". Mas, como muitos dos exemplos mostrados anteriormente, um papel importante é reservado para a figura do professor. Hoje, o professor é, evidentemente, considerado um especialista, ou seja, alguém cuja experiência é baseada em conhecimento (científico) e/ou alguém que age de forma metódica e competente. E isso, sem dúvida, desempenha um importante papel. Porém, para nós, há mais coisas nessa história. Para trazer à tona o que isso poderia ser, vamos primeiro retornar a Pennac. O que se segue é uma conversa entre um professor e um aluno chamado de "difícil":

> "Os métodos não são o que está faltando aqui; de fato, os métodos são tudo o que temos. Você passa seu tempo se escondendo por trás de métodos, quando, no fundo, você sabe perfeitamente bem que nenhum método é suficiente. Não, o que está faltando é outra coisa."
>
> "O quê?"
>
> "Não posso dizer isso."
>
> "Por quê?"
>
> "É uma palavra rude."
>
> "Pior do que *empatia*?"

"Sem comparação. Uma palavra que você absolutamente não pode dizer em uma escola primária, um *lycée*, uma universidade ou em qualquer lugar como esse."

"Diga-nos?"

"Não, realmente, não posso..."

"Oh, vá em frente!"

"Eu estou dizendo a você, eu não posso. Se você usar esta palavra quando estiver falando sobre educação, você vai ser linchado".

"..."

"..."

"..."

"É *amor*." (Pennac, 2010, p. 257-258).

Para o professor, conhecimento e metodologia são importantes, mas também o são amor e cuidado (Geerinck, 2011). Como o exemplo dado anteriormente por Gregorius deixa muito claro, é importante esclarecer exatamente o que se quer dizer com "amor". Seu professor de grego era, obviamente, extremamente instruído, sabia tudo que havia para conhecer a língua grega, era muito experiente e bem preparado, viajava com frequência para a Grécia e tinha uma bela caligrafia. Além disso, falava de seu amor pelas palavras gregas. Mas, no seu caso, era realmente sobre o amor a si próprio; era *tudo sobre ele* e isso é o que privou as palavras gregas de seu realismo. Por outro lado, o amor que entra em cena no "fazer a escola" é descrito como "amor pelo assunto, pela causa (ou pelo mundo)" e "amor pelos alunos". Mas, como o exemplo de Olivier em *O filho* deixa bem claro, não precisamos idealizar ou dramatizar esse

O que é o escolar?

amor: o amor de que estamos falando aqui não se expressa de uma maneira espetacular, mas de maneira bastante comum: em pequenos gestos ordinários, em certos modos de falar e de escutar.

Em outras palavras, expressado em termos conscientemente provocantes, poderíamos dizer que fazer a escola reside, em parte, no *amateurismo* do professor. Poderia ser que o professor nunca é totalmente um profissional, é, pelo menos parcialmente, um amador (alguém que faz isso por amor)? Um professor é alguém que ama seu tema ou matéria, que se preocupa com ela e presta atenção a ela. Ao lado do "amor pelo assunto", e talvez por causa disso, também ensina por amor ao aluno. Como um amador, o professor não é apenas versado sobre algo, também se preocupa e está ativamente envolvido nesse algo. Não só é conhecedor de matemática, mas apaixonado pelo assunto, inspirado por seu trabalho e pelo material. Esse é um entusiasmo que se mostra nas pequenas ações ou gestos precisos, expressões de seu conhecimento, mas também expressões de sua preocupação com o trabalho à mão e seu lugar nele. Esse entusiasmo, literalmente, tem a capacidade de dar uma voz ao objeto de estudo ou prática, seja ele matemática, linguagem, madeira ou estampas. Dessa maneira, é bem-sucedido em colocar os alunos em contato com a matéria e permitir que percam a noção do tempo; isto é, consegue tirá-los do tempo comum e trazê-los a um ponto no presente onde sua atenção é exigida – uma *presença no presente*, pode-se dizer. Esse entusiasmo, essa apropriação de uma relação específica com a matéria, está ligada ao fato de que a matéria é tornada livre, torna-se liberada, é separada de seu uso pretendido e pode, assim, tornar-se um objeto de estudo ou de exercício, tanto para o professor quanto para o aluno. Como Gregorius apontou, essa é a forma como as palavras realmente se tornam palavras. Várias coisas convergem no amor pelo assunto: *respeito, atenção, dedicação, paixão*. O amor se mostra numa espécie de respeito e atenção pela "natureza da matéria" ou pelo material com que o professor está comprometido. A madeira, por assim dizer, pede a seu artífice para ser trabalhada de certa forma, assim como o professor chama a atenção de seus alunos para a linguagem e a matemática. Esse respeito e atenção para com a matéria também implica devoção. Alguém se dedica à madeira de uma determinada maneira, ou ao idioma inglês, ou à matemática, ou a outra forma de matéria. Além disso, uma forma de paixão acompanha essa relação de respeito, atenção e devoção. O professor *amateur* é inspirado de alguma forma, ou melhor – para formular explicitamente numa forma passiva – é inspirado *por* seu assunto ou por sua matéria.

Como reconhecemos o professor *amateur*? Simplificando, isso é revelado por meio da extensão em que uma pessoa está presente no que faz e na forma como demonstra quem ela é e o que representa através de suas palavras e ações. Isso é o que se poderia chamar de *mestria* de um professor. Enquanto o conhecimento e a competência garantem um tipo de experiência, é a presença, o cuidado e a dedicação que dão expressão à mestria do professor. Ele *personifica* a matéria de uma determinada maneira e tem presença na sala de aula.

> Se eu quero toda a sua atenção, tenho de ajudá-los a se ajustarem dentro da minha aula. Como fazer isso? É algo que se aprende, principalmente no trabalho,

ao longo de muitos anos. Mas uma coisa é certa: para os meus alunos estarem presentes, eu tenho que estar presente, para toda a classe e para cada indivíduo que nela está, e também tenho que estar presente para a minha matéria, física, intelectual e mentalmente, durante os 55 minutos que durará a minha aula (PENNAC, 2010, p. 105).

Você pode dizer imediatamente se um professor habita plenamente sua sala de aula. Os alunos sentem isso desde o primeiro minuto do ano letivo, é algo que todos nós já experimentamos: o professor acaba de entrar, ele está totalmente presente, isso é claro pela forma como ele olha para seus alunos, a forma como os cumprimenta, a maneira como se senta, o jeito que ele toma posse de sua mesa. Ele não abarca o mundo com as pernas, com medo da reação dos alunos; sua linguagem corporal é aberta; desde o início, faz o que precisa ser feito; ele está presente, pode distinguir cada face, para ele, a classe *existe* (PENNAC, 2010, p. 106-107).

Oh, a memória dolorosa das aulas quando eu não estava *lá*. Como eu senti meus alunos se afastando, flutuando enquanto eu tentava reunir minhas forças. Esse sentimento de perder minha classe... Eu não estou aqui, eles não estão aqui, nós ficamos desatrelados. E, mesmo assim, a hora passa. Eu faço o papel da pessoa que dá uma aula, eles desempenham o papel de ouvintes (PENNAC, 2010, p. 105).

Você também pode reconhecer o professor *amateur* por sua busca da perfeição. Aqui, o perfeccionismo não se refere a alguma atitude mental patológica. É o perfeccionismo do professor de inglês que exige respeito e atenção à língua. As coisas têm de ser corretas. Não só prepara sua aula, mas também a si mesmo. É alguém que se empolga e trabalha a sua atenção, concentração e dedicação, de modo que possa permanecer encarnado e inspirado na frente de sua classe. Essa preparação em si não garante uma aula bem-sucedida, mas é necessária para que isso aconteça. Trata-se de estar equipado, literal e figurativamente, e de se ocupar dos pequenos e, quando visto à distância, costumes e hábitos muitas vezes tolos – sim, até mesmo rituais – que os professores observam antes de entrar na sala de aula; as pequenas coisas que o inspiram e o introduzem no momento.

Como é que o professor *amateur* se relaciona com seus alunos? É precisamente a mestria e o engajamento interessado e inspirado por parte do professor magistral que lhe permite inspirar e envolver os alunos. Na verdade, como uma criança, o aluno não quer alguém que seja (somente) interessado nele/nela, mas sim alguém que está interessado em outras coisas e assim pode gerar interesse nessas coisas. Peter Handke (2002) conta como ele odiava completamente ir para a escola quando era mais jovem e, em geral, estava totalmente desinteressado no que o professor tinha a dizer. Sua atenção só era capturada nos momentos em que o professor começava a falar como se tivesse esquecido os alunos – quando ele estava falando com ninguém em particular – levado por suas palavras. Ele não estava ausente nesses momentos, mas incrivelmente presente no que dizia, e isso permitia que seus alunos se interessassem. Talvez Handke esteja falando aqui do professor *amateur* que mostra amor pelo tema ou pela matéria, e, dentro disso, amor por seus alunos. Naquele momento, o amor por sua matéria e o amor por seus alunos estavam, inextricavelmente, entrelaçados. Dito de outra maneira: para o professor, o aspecto formativo do ensino infundido de amor é a sombra brilhante de sua mestria. A formação não é uma responsabilidade secundária; não é uma tarefa ou competência adicionais. Ao contrário, é parte e parcela de cada aula e é invocada no decurso de cada assunto e tipo de conteúdo. É a possibilidade de interesse, atenção e, portanto, formação que é oferecida vezes sem conta em cada aula magistral, e não é resultado de algum tipo de intenção – por exemplo, "e agora vou assistir à formação, em vez de simplesmente prestar atenção ao conhecimento e habilidades relacionadas ao assunto".

Nesse sentido, o professor *amateur* sabe muito bem que "o amor pelo assunto" não pode ser ensinado. O professor pode pedir a seus alunos para praticarem, se prepararem, tentarem se engajar. Pode dar instruções, estabelecer regras, exigir estudo, prática, perseverança e dedicação de seus alunos. E, nesse sentido, podemos falar também de uma espécie de disciplina. Disciplina que permite que algo aconteça e que traz tanto o professor quanto o aluno para o presente, fechando a porta da sala de aula por um tempo para tornar possível essa temporalidade.

> Você está certo, os meus colegas têm me identificado como um personagem do século XIX! Eles acham que eu defendo o respeito da boca para fora, que as crianças ficarem em fila, em pé atrás de suas carteiras, todo esse negócio, é apenas nostalgia dos velhos tempos. É verdade, um pouco de polidez nunca é demais, mas como isso acontece é outra coisa. Ao dar aos meus alunos a chance de se instalarem em silêncio, eles são capazes de aterrissar corretamente na minha aula, para começarem

a partir de um lugar calmo. Quanto a mim, eu começo a esquadrinhar os seus rostos, observar quem está ausente, ver como as panelinhas estão se formando ou se separando, em suma, eu começo a medir a temperatura da classe. (PENNAC, 2010, p. 111-112)

Muitos exemplos no livro de Pennac tornam claro que as necessidades individuais não ocupam o centro do palco: isso, diz ele, está fora da matéria. Os professores se restringem ao material, às técnicas de educação escolar e às regras do jogo impostas pela prática e pelo estudo da matéria. Essas regras do jogo formam o núcleo da disciplina escolar. Para o professor amoroso, essa disciplina não é uma concha vazia ou uma armadura que o protege contra uma "impossível" nova geração. São as regras que fluem de seu amor pelo assunto e pelos alunos, e, portanto, são constantemente levadas em conta, corporificadas em suas ações e discurso, e necessárias para tornar sua aula possível e para dar aos alunos a oportunidade de estarem presentes e atentos. Uma vez que elas assumem uma vida própria, separada do professor, essas regras, de fato, tornam-se semelhantes ao "século XIX": elas perdem a sua força, surge a necessidade de novas regras para se escapar das antigas, e assim por diante. Quando isso acontece, a disciplina escolar se transforma em um sistema de reprimendas e recompensas, ou – de uma forma mais contemporânea – de gestão da sala de aula com base em incentivos e contratos. A disciplina que faz com que a prática e o estudo sejam possíveis e que é mostrada pelo professor amoroso e sua matéria é de uma ordem diferente.

É com base em técnicas escolares e disciplina escolar que o interesse e a atenção são possíveis e que as ações do professor amoroso podem ser vistas em termos de igualdade. Restringir-se à disciplina necessária para a prática e o estudo – e, assim, não se deixar desviar por necessidades individuais – na verdade, significa que o professor, uma e outra vez e talvez muitas vezes contra a sua vontade, dá aos alunos – inclusive aos chamados "alunos impossíveis" – uma nova oportunidade.

> Não que eles estivessem mais interessados em mim do que nos outros, não, eles tratavam todos os alunos da mesma maneira, bom e mau; eles, simplesmente, sabiam como reavivar o desejo de aprender. Apoiavam nossos esforços passo a passo, comemoravam nosso progresso, não eram impacientes com a nossa lenta capacidade de compreensão, nunca levavam as nossas falhas para o lado pessoal, e asseguravam que as rigorosas exigências que nos faziam fossem pareadas pela qualidade, consistência e generosidade de seu próprio trabalho (Pennac, 2010, p. 224).
>
> Não era apenas seu conhecimento que esses professores partilhavam conosco, era o próprio desejo de conhecimento. E o que eles me comunicaram foi um gosto para passá-lo adiante. Então, nos apresentávamos para as suas aulas com fome em nossas barrigas. Eu não diria que nos sentíamos queridos por eles, mas de fato nos sentíamos bem vistos (*não* "desrespeitados", como os jovens de hoje colocariam), um respeito aparente até na maneira como corrigiam a nossa lição de casa, onde as suas anotações eram destinadas, exclusivamente, para o indivíduo em questão (Pennac, 2010, p. 226-227).

O foco é colocado em todos e não em uma pessoa em particular. E isso não significa que as questões e ne-

COLEÇÃO "EDUCAÇÃO: EXPERIÊNCIA E SENTIDO"

cessidades individuais não são levadas em conta ou sejam negligenciadas, porém, significa que elas não podem ser o ponto de partida para o professor amoroso. O ponto de partida é o amor pelo assunto, pela matéria, e pelos alunos; um amor que se expressa na abertura e compartilhamento do mundo. Com base nisso, o professor não pode fazer nada além de assumir a igualdade, ou seja, agir a partir do pressuposto de que todo mundo é capaz de atenção, interesse, prática e estudo. Assim, ele não parte do pressuposto de que certos indivíduos são diferentes desde o início, e não vê nos resultados do exame nenhuma evidência objetiva para confirmar essa hipótese (por exemplo, "você não vê, ele não pode fazer isso; ele não tem isso dentro dele"). O amor pelo assunto e pelos seus alunos não permite tal renúncia, assim como o professor amoroso não permite que os alunos se escondam por trás das histórias de fracasso ou inépcia que contam sobre si mesmos ou os outros contam sobre eles. Em suma, o professor *amateur* ama sua matéria e acredita que deve ser dada a todos, repetidas vezes, a oportunidade de se engajarem na matéria que ele ama.

E como é que os alunos respondem ao professor amoroso magistral? Aqui queremos evocar um aspecto muitas vezes negligenciado da escola: é típico do escolar que ele envolva mais de um aluno. A educação individual, ou que foca exclusivamente nos chamados caminhos de aprendizagem individual, não é uma forma de educação escolar. Isto acontece porque, como escreveu Quintilianus há séculos, o professor não pode se expressar com tanta força, habilidade e inspiração para uma plateia de uma só pessoa como pode fazê-lo para um grupo. A razão para isso é simples, mas profunda: é só por abordar o grupo que o

84

O que é o escolar?

professor é obrigado, por assim dizer, a estar atento a todos e a ninguém em particular. O professor fala para um grupo de alunos e, ao fazê-lo, fala a cada um, individualmente; não fala para ninguém em particular e, portanto, fala a todos. Uma relação puramente individual não é possível, ou é constantemente interrompida, e o professor é obrigado a falar e agir publicamente. Essas são as regras do jogo; é a disciplina escolar imposta pelo grupo ao professor, e garante que tudo o que ele oferecer torna-se um bem comum. E isso também significa que a experiência escolar típica da parte dos alunos – a experiência de "ser capaz de..." – é uma experiência compartilhada desde o início. É a experiência de pertencer a uma nova geração em relação a alguma coisa – sempre para os alunos – do mundo antigo (ARENDT, 1961). Assim, esse algo gera interesse, requer atenção e consideração, e torna a "formação" possível. A comunidade de alunos é uma comunidade única; é uma comunidade de pessoas que não têm nada (ainda) em comum, mas, por confrontarem o que é fornecido, os seus membros podem experimentar o que significa compartilhar alguma coisa e ativar sua capacidade de renovar o mundo. É claro que existem diferenças entre os alunos, seja nas roupas, na religião, no sexo, nos antecedentes ou na cultura. Mas, na sala de aula, por se concentrarem no que é oferecido, essas diferenças são (temporariamente) suspensas e uma comunidade é formada com base na participação conjunta. A comunidade escolar é, nesse sentido, uma comunidade profana (ou seja, secular). Os referentes comuns que definem a comunidade (tais como identidade, história, cultura, etc.) são tornados inoperantes – mas não destruídos – e aparecem como um bem comum, passando a ser, por meio disso, abertos e disponíveis para novos usos e novos significados no estudo e na prática. É por isso que queremos enfatizar que a escola não deveria, sob qualquer pretexto, ser colocada a serviço da construção da comunidade em projetos políticos de cultivo ou de socialização. O modelo escolar contribui para a construção da comunidade em si, e é o tempo e o lugar em que a própria *experiência* de comunidade está em jogo. E isso nos leva à questão do chamado significado social da escola.

XII. *Uma questão de preparação (ou estar em forma, ser bem treinado, ser bem-educado, testar os limites)*

"A missão da escola? É uma pergunta estranha para um CEO. Honestamente, um CEO não pode respondê-la plenamente. É claro que eu poderia listar as coisas que minha equipe deve saber e ser capaz de fazer e conceber um currículo com base nisso. Mas isso significaria que cada empresa deva abrir sua própria escola. E não só todas as empresas, mas cada grupo na sociedade. Isso, por sua vez, seria entender mal o lugar da escola na sociedade. Ensinar competências específicas - essa é nossa responsabilidade; é uma questão de treinamento, ou simplesmente, de aprendizagem no trabalho. E eu vou ser honesto: o que o meu negócio precisa e de quem meu negócio precisa muda tão rapidamente que eu estaria enganando os jovens, insistindo que as competências específicas fossem ensinadas na escola. No momento em que completam sua educação, todas essas competências serão apenas inúteis. Se você me perguntar qual é a missão da escola, estará se dirigindo a mim não como um CEO, mas como um membro dessa sociedade: como um cidadão. E se eu olhar para a minha empresa a

O que é o escolar?

partir do ponto de vista de um cidadão – e realmente, se eu olhar para todo o mundo empresarial e o que está além dele – devo dizer: o que eu procuro são jovens que incorporam um número de competências-chave, sim, mas principalmente jovens experientes na prática, que são estudiosos e realmente interessados em uma coisa ou outra. Não bobble heads que sabem tudo, mas também têm cabeças não bem equilibradas que carecem de competências. Pessoas do mundo, pessoas equilibradas, pessoas que estão envolvidas em alguma coisa. Talvez um CEO tenha algo de útil a dizer sobre a educação escolar justamente porque estou muito consciente de que a escola não existe para servir à minha empresa. É a escola que coloca uma responsabilidade sobre mim: juntar a minha voz à conversa sobre o que nós, como sociedade, pensamos no que os jovens devem estar se engajando.

Qual é o propósito da escola? Muitas vezes falamos em termos de objetivos e funções quando se trata de caracterizar o significado da escola. Mas, ao fazer isso, estamos nos referindo a algo que está *fora* da escola, tal como sociedade, cultura, emprego ou educação superior. A escola imaginada aqui serve para proporcionar uma educação geral, que permite que a pessoa participe de forma independente e crítica na sociedade. Ou serve para preparar os jovens para o mundo do trabalho ou para outros estudos no ensino superior. De preferência, a escola faz todas estas coisas simultaneamente. Há, obviamente, muito a ser dito sobre essa formulação e, em geral, nós a apoiamos. O problema, porém, é que ela corre o risco de se esquivar da questão sobre o que a própria escola realmente faz. A tarefa da escola imaginada, explícita ou implicitamente, por tal caracterização é proporcionar pessoas que são perfeita e imediatamente "empregáveis" – prontas para trabalharem, imediatamente, numa nova atividade – na sociedade, no mercado de trabalho ou no ensino superior. Tudo isso é mais do que apenas conversa. O sucesso das iniciativas de educação baseada em competências (e, talvez, o discurso sobre aprendizagem e aprender a aprender a si mesmo) pode ser explicado por essa implícita promessa de empregabilidade. De fato, as competências são explicitamente planejadas para se articularem com as necessidades e exigências do mercado de trabalho (por exemplo, as competências profissionais) ou da sociedade (por exemplo, competências cívicas). A pedra angular da chamada competência da educação em desenvolvimento é a articulação entre a educação e a esperada "capacidade de agir" no mundo do trabalho ou na sociedade em geral. Logo, os atores desses dois reinos devem ter uma palavra a dizer na identificação de competências desejáveis. Estas tendem a ser conhecimentos, habilidades e atitudes que podem ser efetiva e concretamente colocadas em uso. A "empregabilidade", ao que parece, é a palavra em torno da qual o discurso e o pensamento sobre a escola são orientados hoje. E isso se aplica não só aos alunos, mas também aos professores e administradores.

Deve-se considerar se uma grande ilusão está sendo criada e perpetuada aqui com base na falsa premissa de que é realmente possível realizar uma ligação efetiva entre o conhecimento escolar e as habilidades, de um lado, e o mercado de trabalho e a sociedade, de outro. A desilusão maciça tanto dos graduados quanto do "lado da demanda" parece dar a essa questão certo peso grave. Para nós, essa ilusão não constitui fundamento para recomendar uma reforma ainda mais radical da escola (o que realmente resultaria em seu desmantelamento), mas sim, e, alternativamente, constitui o ponto de partida fundamental para a elaboração de um significado mais preciso para a escola. Para nós, o problema é que essa ênfase na empregabilidade ou, em outras palavras, na maximização do potencial produtivo da educação, na verdade, esvazia os modelos escolares. No mínimo, apresenta uma mensagem ambígua: por um lado, algo que é oferecido (conhecimento, habilidades), mas nunca é realmente liberado, cedido. A mensagem que acompanha isso, no fim das contas, é a de que é importante saber isso, mas você tem que cuidar disso desta e daquela maneira, e isso deve levar a esta ou àquela competência, caso contrário você nunca vai se tornar um membro bem-sucedido da sociedade ou encontrar um lugar no mercado de trabalho. A oportunidade ou experiência de renovar o mundo (a experiência de interesse e de "ser capaz de") não está mais ali, ou, dito de outra forma, desaparece tão logo as rigorosas necessidades de uma sociedade exigente e do mercado de trabalho são invocadas. A educação torna-se, assim, um modo de formação específica, aprendizagem, ou aprender a aprender, e não uma questão de formação.

A formação – como uma espécie de autoformação ou "entrar em forma" – consiste, na verdade, em preparação. Isso, certamente, pode assumir a forma de preparação para coisas muito concretas no ensino superior ou no mercado de trabalho, mas não é a principal preocupação da escola. Pelo contrário, é a própria preparação que é importante. Consiste no estudo e na prática, e para realmente se qualificar como estudo ou prática, a orientação para a produtividade, eficiência ou empregabilidade deve, pelo menos temporariamente, ser colocada entre colchetes ou neutralizada. A escola, poderíamos dizer, é a preparação em prol da preparação. Esta preparação escolar significa que os jovens "adquirem sua forma", e isso significa que eles são habilmente competentes e bem-educados. Essa proficiência e alfabetização não são vazias, não são competências formais; mais exatamente, sempre tomam forma em relação a *algo*, isto é, à matéria.

Por conseguinte, se quisermos levar a sério o modelo da educação escolar, não precisamos perguntar qual é a função ou significado da escola para comunidade, mas, pelo contrário, qual é o significado que a sociedade pode ter para a escola. E isso se resume a nos perguntarmos o que achamos importante na sociedade e como trazer essas coisas "para o jogo" na escola. Não se trata de manter a sociedade (ou o mercado de trabalho) fora da escola, ou de como construir a escola dentro de uma espécie de ilha, a fim de protegê-la contra as influências perniciosas. Em certo sentido, a escola carrega a sociedade nos ombros, com o dever de determinar o que pode e deveria se qualificar como matéria adequada à prática, estudo e preparação pela geração mais jovem. Isso significa que a escola obriga a sociedade a refletir sobre si mesma de certa maneira. Ou seja, que a sociedade assume a responsabilidade, por assim dizer, de identificar representantes das coisas que são importantes naquela sociedade. Esses representantes estão isentos do mundo produtivo comum. Eles, simplesmente, entram na escola como professores e ajudam a escola a tornar possível o tempo livre. Nesse sentido, não há nada de errado com as competências (profissionais) em si mesmas. O problema surge quando as transformamos no objetivo fundamental da escola – como muitas vezes acontece – e quando começam a funcionar como resultados de aprendizagem que devem ser produzidos como produtos; em resumo, quando a aprendizagem (competências) toma o lugar do estudo e da prática. À medida que as competências (profissionais) ditarem o que é importante no mundo de hoje, o desafio, realmente, se situa na busca por matéria adequada. A matéria é o que é tratado na escola – e não perfis e competências.

Já usamos várias vezes a distinção entre aprendizagem e estudo/exercício e mostramos que a escola não consiste em aprendizagem. Isso pode soar muito estranho ou parecer absurdo. Parece óbvio pensar na escola como um lugar e um tempo para aprender. O pensamento atual sobre a educação tende a reiterar a noção de que a escola é para a aprendizagem, e não para a educação; que a aprendizagem é ativa, não passiva; que o aprendiz deve ser o ponto de foco e que a "escola" é, na verdade, equivalente a um – de preferência, rico – "ambiente de aprendizagem". Todavia, se pararmos para pensar sobre isso por um momento, rapidamente se torna claro que equiparar a escola com um ambiente de aprendizagem nos priva da visão da *educação escolar típica*. Afinal, a aprendizagem é algo experimentado por todos, em todos os lugares e em todas as épocas (e até mesmo por *coisas*, tais como organizações ou a sociedade em si; pense na organização de aprendizagem, na sociedade de aprendizagem, etc.). E, é claro, já sabemos há muito tempo que muitas coisas podem ser melhor e mais rapidamente aprendidas fora da escola. Falar e compreender uma língua-mãe – talvez uma das coisas mais importantes que aprendemos em nossas vidas – é um excelente exemplo disso. Desse modo, afirmar que a escola é para a aprendizagem não diz nada sobre o que faz da escola uma escola. Ao mesmo tempo, isso não significa que não se aprenda na escola, mas significa que a aprendizagem escolar é um tipo particular de aprendizagem, a saber, aprendizagem sem uma finalidade imediata. Isso não é o mesmo que dizer que a escola também consiste em aprender a aprender. Trata-se de aprender *algo* (matemática, inglês, carpintaria, culinária, etc.), mas esse algo permanece sozinho. Na escola, o objetivo é focar em algo de perto e em detalhe, se empenhar em algo e trabalhar arduamente nisso. Em outras palavras, é sobre praticar e estudar algo. Como sugere o dicionário, estudar é uma forma de aprender em que não se sabe, antecipadamente, o que se pode ou se vai aprender; é um evento aberto que não tem "função". É um evento ilimitado que só pode ocorrer se não houver propósito de fim para ele e nenhuma funcionalidade externa estabelecida. É o conhecimento pelo bem do conhecimento, e habilidades pelo bem das habilidades, sem uma orientação específica ou um destino definido. Consequentemente, a "experiência da escola", como indicamos, é, em primeiro lugar, não uma experiência de "ter de", mas sim de "ser capaz de", talvez até mesmo de pura capacidade e, mais especificamente, de uma capacidade que está procurando por sua orientação ou destinação. De modo inverso, isso significa que a escola também implica em certa liberdade que pode ser comparada ao abandono: a condição de não ter um destino fixado e, por conseguinte, aberta para um novo destino. O tempo livre da escola pode, assim, ser descrito como tempo sem destinação.

Essa solidão, abertura ou indeterminação é adequadamente expressa no seguinte trecho de um romance de Marguerite Duras sobre um menino que não quer ir para a escola:

A mãe: "Veja como ele está, senhor".

O professor: "Vejo".

O professor sorri.

O professor: "Então, você se recusa a aprender, meu jovem?"

Ernesto estuda o professor longamente antes de responder. "Oh, Ernesto e seus encantos."

Ernesto: "Não, não é isso, senhor. Recuso-me a ir para a escola".

O professor: "Por quê?"

Ernesto: "Vamos apenas dizer que ela é inútil".

O professor: "O que é inútil?"

Ernesto: "Ir para a escola (pausa). Não há nenhuma razão para isso (pausa). As crianças são abandonadas na escola. As mães entregam os seus filhos na escola para ensiná-los que eles foram abandonados. Assim, elas podem se livrar de seus filhos para o resto de suas vidas".

Silêncio.

O professor: "Você, Ernesto, não precisava da escola para aprender...".

Ernesto: "Claro que precisava, senhor. É onde tudo ficou claro para mim. Em casa, eu acreditava nas ladainhas de minha mãe idiota. Somente depois de ir para a escola eu percebi a verdade".

O professor: "Que verdade...?".

Ernesto: "Que Deus não existe".

Longo e profundo silêncio. (DURAS, 1990, p. 59-60)

Quando Ernesto é confrontado com a verdade de "que Deus não existe", depreendemos que isso significa que ele chegou à conclusão de que não há destino fixo (natural) ou finalidade. Mas isso não significa que a escola não tem nenhum significado. Muito pelo contrário. O que a escola torna possível é a "formação" através do estudo e da prática, mas essa formação não deriva de nenhuma noção pré-concebida de uma "pessoa bem formada". É precisamente um evento aberto de pura preparação, isto é, uma preparação que não tem um propósito pré-determinado além de estar preparado e "em forma", ou, num sentido mais tradicional, para alcançar uma maturidade bem-educada, puramente especializada (ou experiente). Estar preparado deve, então, ser distinguido de ser competente e das reivindicações de empregabilidade que estão associadas a ele. A esse respeito, não é de estranhar que a função mais básica da escola seja transmitir "conhecimentos básicos" e "habilidades básicas", como leitura, escrita, aritmética, desenho, mas também culinária, carpintaria, educação física, etc. Esses são os exercícios e estudos que nos preparam e nos ajudam a "ficar em forma".

Há um elemento final que deveríamos mencionar em relação a essa preparação escolar, ou seja, a ação de testar os limites:

> Você se sentou no banco e você deu uma cutucada em alguém – só para ver o que ele faria. E então um empurrão no ombro dele, uma pancada na cabeça – você conseguiu um em troca? Você tirou algo de alguém, puxou sem rodeios das mãos dele; não porque você tivesse um rancor contra o cara, mas só porque; só para experimentar. E se você fosse o alvo de um ataque como esse, você imediatamente começava a gritar – para ver o que iria acontecer. Ou: o seu vizinho tinha a cabeça virada para um lado, você pegou um pincel atômico, segurou-o na posição certa e esperou até que ele virasse a cabeça de volta e ganhasse uma faixa na bochecha. Você jogou no chão a caneta ou a régua de alguém, repetidas vezes, até que você recebeu um tapa; então você parou – por algum tempo, de qualquer maneira, até que sua vítima pensasse que sua mente havia se mudado para outras coisas – e então você começou tudo de novo. Às vezes as coisas não eram nem mesmo destinadas a um colega de classe:

alguém mastigou um pedaço de papel e cuspiu o pequeno chumaço molhado contra o teto, onde ele ficou preso durante semanas. Era uma questão de testar os limites. Primeiro, uns com os outros e depois com os professores. [...] A escola era um grande e extravagantemente organizado laboratório social onde se podia experimentar a seu bel-prazer – era o terreno ideal para explorar as mudanças pelas quais passamos nos últimos poucos anos (ENTER, 2007, p. 171).

Naturalmente, a escola não é o único lugar onde acontece esse teste de limites. Atualmente, talvez isso tenha se propagado, em parte, nas mídias sociais, o que significa que a mídia social tem, a esse respeito, assumido um elemento do escolar. E isso enquanto a própria escola se torna cada vez mais presa em uma rede de ferramentas de diagnóstico terapêutico e práticas que, imediatamente, veem o teste de limites como um sinal ("o aluno precisa disso ou daquilo") ou um sintoma ("o aluno sofre com isso ou aquilo"). Mas o teste escolar dos limites, como Stephan Digite tão bem coloca, é feito "só porque; só para ver o que acontece". Não é feito para se vingar de alguém, para mirar alguém, para marcar um ponto, para enviar um sinal. É um teste sem objetivo. É uma investigação sobre a própria capacidade de fazer.

XIII. E, *finalmente, uma questão de responsabilidade pedagógica (ou exercer autoridade, trazer à vida, trazer para o mundo)*

"E sim, a escola hospital funciona até o último dia – para pacientes terminais, também. Há pessoas que dizem 'deixe uma criança terminal ser, deixe-a assistir

televisão, leia algo para ela se ela gosta'. Mas ela acha que é importante para uma criança ser levada a sério. Mesmo que os dias da criança estejam contados. E ela sabe que há poucas, se houver alguma, crianças que estão doentes demais para usar suas mentes. A escola não precisa parar, mesmo quando os médicos fizeram todo o possível e tudo o que resta é dizer adeus. Uma criança terminalmente doente tem direito a um tempo com ela. Tempo para ser empenhado em conjunto. Ela sabe que, mesmo que isso venha a acabar em lágrimas, os pais dela a conhecem como alguém que cria o tempo para o seu filho, e nesse tempo, não é a doença, mas a álgebra, a gramática e como pintar um urso que são os temas de conversa. Para ela, a criança não é um paciente, mas um aluno. Espera que ela se comporte como se comportaria em uma sala de aula; até mesmo uma criança doente pode se comportar correta e educadamente. E não sentir como se isso não fosse uma opção. Mesmo se a saúde da criança começa a se desvanecer e a morte ameaça, ela acha a álgebra, a gramática e a pintura importantes. E os pais concordam. Seu filho tem seus dias bons e seus dias ruins, mas uma coisa é certa: a escola abre o mundo para ele, a escola fá-lo deixar sua doença para trás.[7]

E sim, deixe-nos agora abordar explicitamente o significado pedagógico da escola. Certamente, percebemos que ao fazer isso estamos atraindo o julgamento sobre a talvez não inteiramente reverenciada figura do "pedagogo". Tradicionalmente, essa figura, que na antiguidade era geralmente um escravo, foi muitas vezes desprezada, embora,

---

[7] Livremente baseado em "Voortdoen met het normale, dat geeft deze kinderen kracht", *De Morgen*, 10 set. 2011, p. 6.

O que é o escolar?

ocasionalmente, gozasse de reconhecimento e admiração excepcionais. O que merece nossa atenção aqui, no entanto, é o fato de que o pedagogo era, em primeiro lugar, a pessoa que acompanhava as crianças da casa para a escola e, uma vez lá, muitas vezes permanecia ao lado delas durante todo o dia. Escola, como já dissemos, significa tempo livre ou indeterminado. Esse tempo não é ou não precisa ser produtivo; é tempo que permite a alguém se desenvolver como um indivíduo e como cidadão, isento de quaisquer obrigações específicas relacionadas ao trabalho, familiares ou sociais. Tomando esta configuração como um ponto de partida, podemos descrever o pedagogo como a pessoa que torna o tempo livre ou indeterminado disponível e possível para os jovens. Ou, em outras palavras e de modo mais geral, podemos dizer que a pedagogia se refere a *fazer do tempo livre uma realidade*. E ainda neste sentido, que a pedagogia consiste em garantir o elemento escolar da escola (dito no negativo) ou ajudar a realizá-lo (dito no positivo). Se tomarmos essa definição como um ponto de partida, chegamos a um pensamento que, à primeira vista, parece peculiar: é, frequentemente, assumido que a formação de uma criança ("o pedagógico") é da alçada da família, mas, na verdade, a escola desempenha um importante – e, para nós, principal – papel também nisso. Nossa posição é esta: para realmente entender em que consiste criar e educar uma criança devemos primeiro entender o que acontece na "escola", ou o que o modelo escolar faz, e aceitar isso como o ponto de partida original e fundamental. Só então poderemos evitar confundir a formação com a socialização, provendo cuidados ou assistência no desenvolvimento. Formar e educar uma criança não é uma questão de socialização e não é uma questão de garantir que as crianças aceitem e adotem os valores de sua família, cultura ou sociedade. Nem é uma questão de desenvolvimento dos talentos das crianças. Não dizemos isso porque a socialização e o desenvolvimento de talentos não são importantes – certamente são –, mas sim porque formar e educar uma criança tem a ver com algo fundamentalmente diferente. Trata-se de abrir o mundo e trazer o mundo (palavras, coisas e práticas que o compõem) para a vida. Isso é exatamente o que acontece no "tempo escolar".

Normalmente, vemos a educação como sendo orientada pelo objetivo e como provedora de direção ou de um destino. Isto implica que os adultos ditam o que as crianças ou os jovens (deveriam) fazer. Mas a educação consiste muito mais em não dizer aos jovens o que fazer, é sobre transformar o mundo (coisas, palavras, práticas) em algo que fala com eles. É encontrar uma maneira de tornar a matemática, o inglês, a culinária e a marcenaria importantes, em e por si mesmos. De fato, em holandês, a palavra "autoridade" (*gezag*) é derivada do verbo "dizer" (*zeggen*): exercer essa autoridade faz com que as coisas digam algo para nós, faz com que nos atraiam. Podemos identificar um significado semelhante na palavra inglesa "autoridade" (*authority*), porque isso é o que "escreve" o mundo, ou seja, o que o torna algo que nos fala e comanda a nossa atenção. A educação é a concessão de autoridade para o mundo, não só por falar *sobre* o mundo, mas também e sobretudo por dialogar (encontrar, comprometer-se) com ele. Em suma, a tarefa da educação é garantir que o mundo fale com os jovens. Consequentemente, o tempo livre como tempo escolar não é um tempo para diversão ou relaxamento, mas é um tempo para prestar atenção ao mundo, para respeitar, para estar presente, para encontrar, para aprender e para descobrir. O tempo livre não é um tempo para o eu (para satisfazer necessidades ou desenvolver talentos), mas um tempo para se *empenhar em algo*, e esse algo é mais importante do que as necessidades pessoais, os talentos ou os projetos. É por abrir um mundo para as crianças e os jovens (e, como dissemos antes, isso não é o mesmo que simplesmente torná-las familiares com ele; é trazer o mundo para a vida e fazê-lo atraente para eles) que crianças ou jovens podem experimentar a si próprios como uma nova geração em relação ao mundo, e como uma geração capaz de construir um novo começo. As crianças e os jovens experimentam um envolvimento no mundo (na matemática, na linguagem, na culinária, na marcenaria) e percebem não apenas que têm que se iniciar no mundo, mas também que são *capazes de começar*. O elemento democrático – e político – da educação está localizado nessa dupla experiência do mundo como um bem comum e do "eu posso" (em oposição a "eu devo"). É a abertura de um mundo fora de nós mesmos e o envolvimento da criança ou do jovem nesse mundo compartilhado. Assim, não é uma questão de começar a partir do mundo imediato das crianças ou dos jovens, mas de trazê-los para a vastidão do mundo, apresentando-lhes as coisas do mundo (matemática, inglês, culinária, marcenaria) e, literalmente, persuadindo-os ao contato com essas coisas, colocando-os em sua companhia, para que essas coisas – e, com elas, o mundo – comecem a se tornar significativas para eles. É isso o que capacita o jovem a se experimentar como cidadão do mundo. Isso não quer dizer que ele experimenta a si próprio como alguém com direitos e obrigações formalmente definidos. De certa forma, significa se apossar de um interesse no mundo (em algo) e se sentir envolvido em algo além de si mesmo como um bem comum. O significado político, democrático, da educação não se encontra no fato de que ela transmite certas competências cívicas pré-definidas ou um conhecimento da política. O significado político da educação está na "libertação" do mundo (ou das coisas e práticas) de tal maneira que o indivíduo (como um cidadão) se sinta envolvido no bem comum. Isso implica que se seja receptivo tanto à obrigação de cuidado que vem com esse envolvimento quanto à liberdade que ele implica. Essa é outra maneira de dizer que a educação diz respeito ao tempo livre. Especialistas e profissionais não têm familiaridade com o tempo livre. O deles é o tempo de desenvolvimento e crescimento. Isto é, o seu tempo é um tempo predeterminado, com um destino ou uma função específica, que é medido de forma tão precisamente quanto possível (por exemplo, como as fases que são adequadas para isto ou aquilo, ou como estágios de crescimento, limiares de aprendizagem, etc.) Isso se expressa, *inter alia*, através de uma mentalidade de iminência e diagnose – "'Temos que pegá-lo a tempo antes...'"; "Temos que trabalhar preventivamente para evitar..."; "Se tivéssemos visto isso antes, poderia ter sido ajudado...". Essa mentalidade é evidente em muitas ferramentas de diagnóstico usadas para determinar onde alguém se coloca em relação aos demais e até onde alguém progrediu. No entanto, o professor como pedagogo é aquele que cria o tempo onde, anteriormente, não havia nenhum tempo (a perder) – pense aqui escola hospital para pacientes terminais. Esse tempo não é o tempo pessoal, mas o tempo a ser utilizado para se envolver em algo além de si mesmo (o mundo). E criar o tempo muitas vezes significa "fazer algo que é importante em si mesmo" (álgebra, gramática, culinária...), o que faz com que se perca de vista o tempo e seu destino (normal), e, agindo assim, permite-se que algo

O que é o escolar?

significativo e compensador aconteça. Tempo livre não é *tempo de qualidade*; não é tempo reservado de antemão que deve ser aproveitado ou sujeitado a certos requisitos. É o pedagogo ou o professor como pedagogo que desfaz qualquer pré-apropriação ou distribuição do tempo. Ao fazer isso, cria a oportunidade para permitir que surja o interesse e o amor pelo mundo. Sem tal interesse e amor, um "cidadão do mundo" é apenas outro nome para um consumidor ou um cliente, ou seja, alguém que coloca suas necessidades ou talentos individuais em primeiro lugar. Tal pessoa vê o mundo como nada mais do que uma fonte para a satisfação de suas necessidades ou o desenvolvimento de seus talentos individuais, e é, portanto, um escravo deles.

E isso nos leva ao termo importante e muitas vezes um tanto carregado: "responsabilidade". À luz do que temos discutido até este ponto, podemos agora dizer que a responsabilidade pedagógica ou escolar dos professores não está (apenas) no fato de que são responsáveis pelo crescimento e desenvolvimento de jovens vidas. Ela também reside no fato de que *compartilham o mundo com elas*, em suas partes e particularidades. Esta responsabilidade se traduz em duas tarefas.

Em primeiro lugar, o professor deve libertar a criança de todas as habilidades que atribuem uma função *imediata*, explicação ou destino para o que essa criança faz. Em certo sentido, "deixar uma criança ser uma criança" não é um *slogan* vazio. Isso significa permitir que uma criança esqueça os planos e expectativas de seus pais, bem como os dos empregadores, políticos e líderes religiosos, a fim de possibilitar que ela passe a ser absorvida pelo estudo e pela prática. Isso significa permitir que uma criança esqueça o mundo comum, onde tudo tem uma função e uma intenção. Isso significa deixar de fora o mundo comum de especialistas, para quem cada tipo de conduta é ou um pedido de ajuda ou um sintoma a ser remediado. Isso significa suspender a questão da utilidade ou valor e eliminar intenções egoístas de qualquer pessoa para com os alunos. A segunda tarefa é estimular o interesse, e isso significa conceder autoridade às palavras, às coisas e às maneiras de fazer as coisas que estão fora de nossas necessidades individuais e que ajudam a formar tudo o que é partilhado "entre nós" no nosso mundo comum. A responsabilidade pedagógica não reside em mirar diretamente na (nas necessidades da) criança ou o aluno, mas nas coisas e na sua relação com as coisas, isto é, a relação que o professor como pedagogo tem para com essas coisas. A forma de um professor lidar com, dar forma concreta a, e incorporar coisas e práticas é o que mostra o que é valioso e "autorizado" para ele. Só então o professor pode se comunicar e compartilhar o mundo de uma maneira tal que as crianças e os jovens se tornem interessados e engajados, só então as coisas adquirem autoridade e só então o mundo se torna interessante. (Na verdade, em latim *inter-est* significa, literalmente, algo que existe entre nós.) Só se pode criar interesse pelo mundo comum mostrando o seu próprio amor por esse mundo. E como seria possível despertar o interesse pelo mundo se a mensagem transmitida aos jovens é que *eles* são mais importantes e, portanto, mais interessantes?

Ao assumir a responsabilidade pelo mundo dessa maneira ("como a geração mais velha, é isso o que achamos valioso") o professor também assume a responsabilidade pelas crianças e jovens como alunos. Não contribuir com nada e retransmitir a mensagem de que "eu não sei o que é importante; eu não posso e não vou dizer a vocês, então descubram por si mesmos", significaria deixar a geração

O que é o escolar?

mais jovem à sua própria sorte e privá-la da oportunidade de renovar o mundo. Na verdade, como eles podem renovar o mundo – como eles podem experimentar a "inovação" – se ninguém realmente os apresenta ao velho mundo e traz o mundo antigo para a vida? Mas isso também significa que o professor deve soltar e tomar a liberdade de dar qualquer contribuição. Deve permitir que as crianças e os jovens renovem o mundo por meio do estudo e da prática – através da forma como eles interagem com o mundo e dão o seu próprio significado a ele. Não fazer isso – e, nesse caso, dizer "isso é importante, então você tem que lidar com isso dessa maneira" – significaria privar a nova geração da chance de renovar o mundo. Isso é, precisamente, o que Hannah Arendt (1961) insiste que os professores se lembrem de quando ela, eloquente e acertadamente, diz que o professor age por amor ao mundo ("isto é importante para nós, a velha geração") *e* por amor às crianças ("cabe a você, a nova geração, moldar um novo mundo"). Isso é o que constitui a responsabilidade pedagógica do professor. Tem, portanto, mais a ver com *amor* do que com ser capaz de fornecer explicações ou justificações – que é o que, atualmente, é muitas vezes esperado dos professores. E, mais importante ainda, pode-se perguntar se esse amor – e, com ele, seu interesse no mundo e até mesmo sua preocupação com as crianças – é perdido diante da pressão, cada vez maior, para satisfazer às expectativas de responsabilização. Essa preocupação vai nos levar a uma discussão mais detalhada de como, hoje, a escola (e, portanto, a pedagogia) está sendo domada.

CAPÍTULO 3

Domando a escola

A escola, como dissemos, é uma invenção histórica da *polis* grega e foi um ataque absoluto aos privilégios das elites de uma ordem arcaica. É uma intervenção democrática no sentido de que "cria" tempo livre para todos, independentemente de antecedentes ou origem, e, por essas razões, instala a igualdade. A escola é uma invenção que transforma todos em um aluno – e, nesse sentido, coloca todos numa situação inicial equivalente. O mundo é tornado público pela escola. Ela não consiste, portanto, na iniciação em uma cultura ou estilo de vida de um grupo específico (posição social, classe, etc.). Com a invenção da escola, a sociedade oferece a oportunidade de um novo começo, uma renovação. Devido a essas qualidades democrática, pública e de renovação, não é surpresa que a escola tenha provocado certo medo e perturbação desde as suas origens. É uma fonte de ansiedade para aqueles que podem perder alguma coisa através da renovação. Então, não surpreende que tenha sido confrontada com tentativas de domá-la desde o seu início. Domar a escola implica governar seu caráter democrático, público e renovador. Isso envolve a reapropriação ou a reprivatização do tempo público, do espaço público e do "bem comum" possibilitados por ela. Talvez não devêssemos ler a história da escola como uma história de reformas e inovações, de progresso e modernização, mas como uma história de repressão; uma série de estratégias e táticas para dispersá-la, reprimi-la, coagi-la, neutralizá-la ou controlá-la.

A escola, como uma "instituição moderna" – a forma que assumiu no século XVIII e começo do século XIX no Ocidente – é um exemplo da tentativa de dissipar a renovação, o potencial radical e a "capacidade de começar" que ela oferece. Isso acontece ao se apresentar algo e, simultaneamente, deixar claro que "é assim que deve ser feito, e esses são os materiais de aprendizagem que devemos usar". Como uma instituição, a escola serve a um ideal predeterminado. Esse ideal pode ser preenchido com uma sensibilidade cívica ou religiosa relacionada a uma integração social existente ou a um futuro projetado. Na instituição moderna, a tentativa de domar sempre toma a forma de conectar a "matéria" com o conhecimento, significados e valores em uma ordem social existente ou nova. Como *instituição*, a escola deve incorporar esse ideal – ele a controla – e os recém-chegados são iniciadas no *uso adequado* de um determinado texto ou habilidade. O professor, como um representante da velha geração que se "apropriou" desse conhecimento e desses significados, está em uma posição de transferir essa matéria. A escola-como-instituição é caracterizada por um tempo solene e um local de transferência, e nela é tomado um cuidado especial para domar e monitorar os professores como "mestres de cerimônia" que presidem essa transferência. A instituição priva a geração mais jovem do tempo e do lugar para praticar e experimentar o tempo livre – nega-lhe o tempo escolar – e a geração jovem é, subsequentemente, privada da oportunidade de realmente se tornar uma nova geração. Em vez disso, os jovens tornam-se (no máximo) atores da renovação imaginada por seus pais.

Atualmente, as instituições e os ideais, obviamente, perderam muito de seu significado, e a transferência de conhecimento e a educação centrada no professor estão fora de moda. Exatamente por causa disso, as escolas modernas estão sendo convertidas em ambientes de aprendizagem centrada no aluno. A crença na tradição e na transferência tem sido substituída por uma crença no poder criativo do indivíduo e na singularidade do aprendiz. Porém, mesmo o ambiente de aprendizagem de hoje parece ser um obstáculo para a renovação e bloqueia toda oportunidade de começar. Faz isso, efetivamente, por não apresentar nada e dizer: "Sente-se à mesa, experimente as coisas, e eu, como seu facilitador de aprendizagem, irei ajudá-lo". A geração jovem é jogada de volta ao seu próprio mundo da vida e já não há nada nem ninguém que possa tirá-la de lá. A pessoa do aluno – suas necessidades, experiência, talento, motivação e aspirações – se torna o ponto de partida e o ponto final. Domar a escola, aqui, significa garantir que os alunos são mantidos pequenos – fazendo-os acreditar que são o centro das atenções, que suas experiências pessoais são o solo fértil para um novo mundo, e que as únicas coisas que têm valor são as que eles valorizam. O resultado é que os alunos são domados: eles se tornam escravos de suas próprias necessidades, um turista no seu próprio mundo da vida. A importância colocada sobre aprender a aprender é, talvez, a mais reveladora expressão dessa tentativa de domar. O aluno é atirado de volta ao seu próprio aprendizado e a ligação com "alguma coisa" – com o mundo – é rompida. A velha geração recua juntamente com seus ideais, porém, ao fazer isso, nega à geração jovem a oportunidade de ser uma nova geração. Afinal de contas, é apenas em confronto com algo que foi proposto *e* não tratado pela geração mais velha que os jovens são colocados em uma situação em que eles próprios podem fazer um começo, atribuir um novo significado para as coisas que atraem sua atenção e sair por si sós de seu mundo da vida imediato. A escola, como uma instituição do século XIX, propôs algo, mas no mesmo movimento colocou ao lado desse algo um manual para o seu uso adequado. O ambiente de aprendizagem contemporâneo está cheio de manuais e instruções, mas não há nada sobre a mesa. Em ambos os casos, o caráter público da escola – isto é, como o lugar onde tudo pode acontecer porque duas gerações entram em contato em relação a "algo" – desaparece. E com ele desaparece o caráter de renovação da escola, uma vez que a geração mais jovem não é mais capaz de experimentar a si mesma como nova geração em relação a algo que foi proposto.

A domesticação da escola lança uma luz um pouco diferente sobre o debate polêmico que, atualmente, está sendo travado entre os chamados "reformistas" e "tradicionalistas". O que esses dois campos têm em comum parece ser um desejo de domar a escola. Empregar a escola (exclusivamente) a serviço da sociedade e empregar a escola a serviço do aluno, tanto implica cercear a ação da educação escolar de tornar público, quanto de renovar e de democratizar. Mas, além dessas estratégias gerais de dominação, existem também as tentativas de domar que são mais de natureza tática e, portanto, menos óbvias – mas não menos eficazes. A este respeito, não há um só indivíduo mal-intencionado ou grupo astuto para ser responsabilizado por essas formas de domar. Muitas vezes, banir o ideal escolar não é a intenção. As iniciativas e propostas, frequentemente, parecem razoáveis e legítimas. E, um primeiro passo é muitas vezes seguido logicamente por um segundo passo, e um terceiro e um quarto... Mas cada passo afeta o outro, e as iniciativas e propostas concretas começam a funcionar como movimentos táticos em uma estratégia que doma ou mesmo neutraliza a escola.

XIV. Politização

Os estrategistas políticos sempre são tentados a olhar para a escola em busca de soluções de problemas sociais tais como a radicalização da sociedade, a intolerância e o crescente uso de drogas. A escola, dessa forma, se torna o lugar e o tempo para remediar esses problemas sociais. Isso significa que a escola é considerada responsável (pelo menos parcialmente) por resolver problemas sociais; os problemas sociais, culturais e econômicos são traduzidos como problemas de aprendizagem, ou uma nova lista de competências é acrescentada a um currículo. Essa primeira tática pode ser descrita como domar a escola por uma *politização* da escola. O que é problemático sobre isso não é somente a distribuição desequilibrada de tarefas entre a escola e a política, entre os professores e os políticos. Na verdade, há mais coisas em jogo do que sobrecarregar a equipe de professores. Significa, acima de tudo, que a escola é incumbida de tarefas que são impossíveis de serem cumpridas sem abandonar a própria escola. Com efeito, a geração jovem é, simultaneamente, considerada responsável pelos problemas sociais existentes e pela realização do sonho político de outra sociedade melhor. Nesse sentido, a geração jovem assume a responsabilidade que a velha geração não é mais capaz ou não está disposta a carregar. Dito francamente: é uma expressão de uma sociedade irresponsável que não mais segue o caminho da mudança política, mas, em vez disso, olha para a nova geração e suspende o seu tempo livre em nome de tratar de desafios excepcionais, urgentes, no caminho para a nova sociedade.

Nesse sentido, fazemos uma clara distinção entre escola e política, entre responsabilidade educacional e responsabilidade política, entre a renovação tornada possível pela pedagogia e a reforma política. De uma forma ou de outra, a política consiste em negociação, persuasão ou uma luta entre diferentes grupos de interesse ou projetos sociais. A mesa da escola não é uma mesa de negociação; é uma mesa que torna possível o estudo, o exercício e o treinamento; é uma mesa sobre a qual o professor oferece algo e, fazendo isso, permite e encoraja a jovem geração a experimentar a si mesma como uma nova geração. Isso acontece, mostra Hannah Arendt, porque o projeto político que antevê um novo mundo muitas vezes olha para a escola como sua ferramenta política de escolha.[8] O que é problemático em relação a isso não é somente que requer a politização da escola – os alunos são tratados como cidadãos que têm algo a aprender – mas também a escolarização da política – os cidadãos são tratados como alunos que devem assumir o seu dever cívico. Podemos chamar a primeira tendência, simplesmente, de doutrinação, enquanto a segunda poderia ser chamada de infantilização. Eles encontram sua expressão na figura do professor doutrinal como o interpelador dos alunos e o ministro condescendentemente instrutivo que insiste em ensinar uma lição aos cidadãos.

O que é problemático sobre a politização da escola é que tanto os jovens quanto a matéria se tornam meios

---

[8] Nesse sentido, também se coloca a questão de se é de fato a escola que forma a base de uma democracia política, em vez do contrário. Em outras palavras: pode-se argumentar que ao estabelecer e instituir uma escola, a sociedade arca com a responsabilidade de decidir, de uma maneira diplomática, que conhecimento e significados são tornados públicos.

Domando a escola

pelos quais os problemas sociais são encaminhados em um projeto de reforma política. Escola como política por outros meios. O que é neutralizado por isso é o tempo livre e a possibilidade de os jovens que experimentem a si próprios como uma nova geração. Se os jovens são imediatamente inseridos no velho mundo, já não permitimos a eles a experiência de ser uma nova geração. Isso não quer dizer que a escola não tem nenhum significado político; a criação e a organização da escola – como tempo livre para a prática – *é* uma intervenção política. E, com isso, não queremos dizer que as chamadas questões sociais não deveriam ter nenhum papel na escola. O que importa é que elas assumem o *status* de matéria e, portanto, não são sugeridas em uma questão política ou em competências obscuras como soluções para um determinado problema. Isso nos leva a uma variante mais sutil da politização da escola: a ênfase na "empregabilidade" e, especificamente, a tendência para reformular os objetivos da educação em termos de competências empregáveis.

O sonho de uma escola que prepare jovens para a sociedade – ou seja, o mercado de trabalho ou a educação superior – não é novo. O que é novo é o modo como isso está sendo realizado hoje. A mudança da ênfase do emprego para a empregabilidade é crucial aqui. Diante do histórico do emprego, a educação ainda mantinha certo grau de autonomia em relação à sociedade e, em particular, em relação ao mercado de trabalho. Otimizar o emprego era, em grande parte, uma questão política e, no mínimo, era o objetivo da política social e econômica. Com a ênfase agora mudada para a empregabilidade no contexto do ativo Estado do bem-estar social, o emprego se torna cada vez mais uma responsabilidade do indivíduo. O indivíduo é batizado como um aprendiz (ao longo da vida), a aprendizagem é um investimento no próprio capital humano do indivíduo, e os cidadãos-como-aprendizes ativados carregam a responsabilidade vitalícia de encontrar o seu próprio emprego. Em uma época de empregabilidade, a política se torna uma questão de ativação, de capacitação e de fornecer empréstimos baratos para investimento em capital humano. O adágio é: ser empregável! O evangelho: a empregabilidade é o caminho para comprar sua própria liberdade e contribuir para o progresso social! O sermão: não se aliene e não dê de ombros à sua responsabilidade para com a sociedade! O lembrete tranquilizador: deixe aquele que não tem necessidade de aprender atirar a primeira pedra!

O sucesso do termo "competências" – não somente no mundo profissional, mas também por toda a sociedade e educação – pode ser compreendido como um sintoma dessa ênfase na empregabilidade. No sentido mais geral, uma competência se refere à habilidade de realizar e, portanto, a um conjunto específico de conhecimentos, habilidades e atitudes necessário para o desempenho de determinadas tarefas. As competências e os perfis de competências são criados para as mais diversas tarefas sociais – não só competências profissionais, mas também competências cívicas, competências culturais, competências sociais, e assim por diante. Em outras palavras, competências, validadas como qualificações, são a moeda (europeia) pelo qual o aluno vitalício – que cuida, organizadamente, da coleta de competências em seu portfólio – expressa a sua empregabilidade social. A escola, e com ela a geração mais jovem, se matricula no projeto social de maximizar a empregabilidade na medida em que se permite ser seduzida para reformular seus objetivos e currículo em termos de competências/qualificações. O conceito de "competência empregável" combina, assim, os termos sociológicos de reprodução, integração e legitimidade: as competências garantem a integração na sociedade, reproduzem aquela sociedade e legitimam a ordem existente. Vale a pena ressaltar novamente aqui que essa visão não é muito adotada pelos estrategistas políticos míopes que olham através de uma lente econômica estreita, mas é advogada pelos estrategistas políticos perspicazes que olham através de uma ampla lente sociológica – e uma estrutura funcionalista. Parece que os estrategistas políticos se tornaram sociólogos; eles comprimem a relação funcional entre a educação e a sociedade numa "aprendizagem-competência-qualificação--empregabilidade", vínculo e esperança para uma reação em cadeia. Em termos políticos, ressuscitam uma velha história científica. Essa forma de politização da escola resume-se a uma radicalização da função de socialização da educação, o que é problemático em vários aspectos.

Em primeiro lugar, essa politização sutil porém profunda eclipsa inteiramente a matéria e a geração mais jovem. Com toda atenção focada na aquisição obrigatória e urgente de competências úteis, qualquer possibilidade de renovação e de tempo livre é suspensa. Sejam elas competências a serem aplicadas na sociedade existente ou competências para uma nova sociedade, a nova geração é a geração que deve ser devidamente treinada em todos os sentidos. Somado a isso está o foco em competências derivadas de uma ideia de empregabilidade que a educação, possivelmente, não pode garantir. Afinal de contas, como podemos prometer a empregabilidade à juventude qualificada numa sociedade que está constantemente mudando? Fazer isso não só desperdiça desnecessariamente a juventude, como também a induz ao erro. A menos, é claro, que nos limitemos às competências básicas, caso em que a lógica da empregabilidade e da capacidade de desempenho não são mais de ordem.

E isso nos leva a outra objeção: a prática da educação de desenvolvimento de competência implica uma lógica analítica e abstrata (subcompetências, graus de complexidade, etc.) que realmente corrói o elo entre a realidade concreta e a empregabilidade. Um aluno que adquiriu um número de subcompetências não necessariamente domina uma capacidade (integrada) para atuar em um domínio específico. Muito menos a capacidade de dar significado às suas habilidades como uma pessoa; isto é, a capacidade não só para a realização de competências, mas de fazê-lo de forma independente e responsável. E, finalmente, é importante mencionar que a educação de desenvolvimento de competências, tanto para a escola quanto para os professores, de um lado, e para os alunos, de outro, tem um lado administrativo (listas de competências, módulos, roteiros, listas de verificação, etc.) com a sua própria propensão para se proliferar. O que ameaça é uma louca burocratização da escola sob o pretexto político da empregabilidade.

XV. Pedagogização

Uma segunda tática que queremos destacar é a *pedagogização* da escola. Enquanto a politização pode ser vista como uma "quebra em" ou disciplinar da escola enquanto uma função da sociedade, a pedagogização também tem a ver com a quebra na escola como uma função da família. Aqui, novamente, a expressão é muito familiar: "os pais não criam seus filhos", "os professores devem assumir as tarefas da família, os professores são pais substitutos". Isso não quer dizer que a escola não tem responsabilidade pedagógica. Pelo contrário, o professor está realizando um ato pedagógico na medida em que compartilha o mundo com os alunos por amor ao mundo e à nova geração e, fazendo isso, tira-os de seu imediato mundo da vida, que inclui a família. A este respeito, o professor não é uma babá ou um pai de meio período (ou de tempo integral) como, atualmente, muitos querem que ele seja. É por apresentar algo, por ser apaixonado por seu assunto e por abrir o mundo por meio de todos os tipos de matérias que o professor cumpre a sua responsabilidade pedagógica. Nesse sentido, a escola não é nem uma família, nem um lar.

Não temos espaço para examinar em detalhe a diferença entre escola e família e entre professores e pais. Queremos, simplesmente, dizer que na escola, e na figura do professor, o amor do mundo é central. Este amor é necessário para se ser capaz de compartilhar alguma coisa. Implica um amor pela próxima geração. Aos nossos olhos, o professor que perde seu amor pelo mundo – que perdeu o entusiasmo pelo assunto e por isso não tem nada mais para compartilhar – não vai durar muito tempo na escola. A não ser, é claro, que mude seu foco para a prestação de cuidados e desista de ser professor para se tornar um pai substituto. Fazendo isso, ou por meio disso, ele doma a escola e nega aos jovens a oportunidade de serem um aluno. Isso não quer dizer que o cuidado não tem nenhum papel na escola ou que os professores não dão certo tipo de cuidado. Pelo contrário, é um cuidado que é motivado pelo amor ao mundo; uma preocupação voltada diretamente para manter os alunos atentos, para dar apoio quando seu desempenho fica aquém e para garantir que eles tenham o tempo livre, apesar de uma situação difícil em casa. Exigir que os professores forneçam cuidados paternos – e, portanto, subordinem o seu amor ao mundo ao cuidado das crianças – é uma forma de domar. Em outras palavras, a escola espera que as crianças cuidem de si mesmas e, assim, espera que elas cheguem à escola descansadas e preparadas.

XVI. Naturalização

Uma terceira tática para domar pode ser resumida pelo termo *naturalização*. Já explicamos que a invenção da escola implica um ato democrático: cria tempo livre para todos, independentemente de origem ou antecedentes. Nesse sentido, a escola é, por definição, uma escola de igualdade. O professor foca em seus alunos e os mantém interessados por meio de seu amor pelo assunto ou por seu entusiasmo pela matéria. Seu *amateurismo* é a melhor garantia de oportunidades iguais. Há, no entanto, constantemente, tentativas de domar essa igualdade escolar por circunscrever os alunos de acordo com as chamadas diferenças naturais: "é claro que queremos a igualdade, mas ela deve levar em conta as diferenças naturais entre os alunos". Em uma época anterior, essas foram as diferenças de direito de nascença ou riqueza. A história fez com que a desigualdade social associada a essas diferenças fosse natural e, portanto, justificada. E, na medida em que todos são naturalmente predispostos a uma posição social particular ou grupo, continua a história, cada posição social ou grupo tem a sua própria forma de iniciação ou de socialização. Foi a invenção da escola que rompeu a ordem aristocrática, embora sempre houvesse tentativas de domá-la e voltar a dominá-la em nome da "natureza" – em nome de algo que pertencia à ordem necessária das coisas.

As formas modernas de domar começam a partir de suposições sobre as diferenças de inteligência ou diferenças de capacidade. Essas diferenças são muitas vezes invocadas como justificativas naturais e, portanto, legítimas e até mesmo necessárias para o tratamento desigual. Assim, podemos dizer que, na medida em que essas diferenças

Domando a escola

formam a base para a determinação da orientação de um aluno em direção ou colocação em um nível específico (secundário ou superior) de educação e em um campo específico de estudo, o futuro do aluno é fixado "naturalmente". Em outras palavras, nessa forma de domar, a escola torna-se a continuação da seleção natural por outros meios. As formas de educação categórica são uma expressão disso. A escola da igualdade, por outro lado, é – para usar termos modernos – uma escola abrangente. Isso significa que quando a escola acusa a sociedade com a determinação do que vale a pena compartilhar como matéria (isto é, determinar a chamada "educação geral"), a sociedade está efetivamente fazendo essa determinação para cada membro da próxima geração – até o limite permitido pela escola da igualdade. Na determinação social do que sobrevive ao processo de eliminação ou não, não há seleção preliminar com base nas diferenças entre os alunos. Quando se trata da escola e, portanto, da próxima geração, ela não é o lugar para a antiga geração criar uma nova elite. Se fosse para fazer isso, a distinção entre aqueles que têm o direito de renovar o mundo e aqueles que não têm seria predeterminada.

Talvez a forma mais sutil de naturalização com um efeito de domação seja o desenvolvimento de talento. Um talento como um conceito se refere às diferenças na predisposição entre os alunos. A diferença entre nosso conceito atual de talento e aquele do discurso clássico sobre disposição e capacidade pode ser que o discurso atual de talento tem uma conotação positiva – todos têm seus próprios talentos e todo talento é importante. Traduzido para um contexto educacional, isso significa que é importante reconhecer esses diferentes talentos, admitir o valor de cada talento e ajustar adequadamente as trajetórias de aprendizagem. Por outro lado, o conceito também se refere a uma forma de potencial latente presente na jovem geração que deve ser desenvolvido ao máximo: não se deve deixar nenhum talento ser subutilizado ou não utilizado (para garantir um conhecimento competitivo da sociedade). Nesse sentido, o desenvolvimento do talento implica a efetiva e eficiente transformação do talento em competências e qualificações que maximizam a empregabilidade dos jovens. Talvez o que torna o termo "talento" tão bem-sucedido hoje é que ele traz consigo ambos esses significados. O desenvolvimento do talento abrange a reconciliação definitiva entre os reformadores da educação inspirada no humanismo e os estrategistas políticos focados na mobilização.

Considerada da perspectiva da escola, essa reconciliação pode ser vista como um acoplamento de politização e naturalização. No contexto do desenvolvimento de talento e da educação baseada na competência, a escola acaba se tornando o aparelho de seleção *por excelência*. Seu *slogan* é: cada talento em seu devido lugar. A reação em cadeia da politização de "aprendizagem-competência-qualificação--empregabilidade" é devida a uma subestrutura natural e humana: aprendizagem como conversão de talentos em competências que levam à obtenção de qualificações para garantir a empregabilidade máxima. Esse entrelaçamento de politização e naturalização é uma reminiscência de *A República* de Platão. Em *A República*, Platão propõe encontrar a organização ideal da sociedade e argumenta que cada grupo deveria ter um lugar na sociedade, predestinado a eles pela natureza. Hoje não mais falamos de predestinação natural nem em grupos sociais ou classes, mas sim em talentos individuais. Porém, o talento não é simplesmente outra palavra para a predestinação natural?

A história atual não é a perfeição do que Platão sugere em *A República*: garantir que todos são empregados de acordo com os seus talentos naturais? É útil lembrar que o próprio Platão pensou na história do destino natural como uma "fábula" ou uma "mentira necessária" para manter os grupos e classes sociais em seu lugar e para conservar a ordem na sociedade. Seria a história atual sobre a escola como um lugar para o desenvolvimento de talentos uma "mentira necessária" contada para legitimar as diferenças, assegurar a ordem social e criar uma sociedade do conhecimento competitiva? Seja qual for o caso, o estabelecimento da escola lançou um movimento a partir de suas origens para expor essas falsidades. Concretamente, isso significa que a escola da igualdade – onde os alunos são iguais em relação à matéria independentemente de qualquer tipo de predestinação – existe exatamente para gerar interesse e para tornar possível o "eu posso". No contexto do desenvolvimento de talentos, por outro lado, a ênfase é sobre a obrigatoriedade do "eu devo" experimentar como uma resposta ao apelo do talento predestinado de alguém: "Você deve desenvolver o seu talento – todos devem desenvolver seus talentos". Mesmo se a educação do desenvolvimento de talento se esforçar para permitir que os alunos (aprendam) a escolher o que estudar – potencialmente com base em seus interesses – essa escolha deve ser sempre informada pelos talentos individuais do aluno. E essa "escolha" concedida ao aluno pode muito bem ser vista como uma ferramenta de autosseleção implementada no interesse da melhor empregabilidade. A diferenciação com base no talento (naturalização) e o interesse da empregabilidade (politização) é, nesse sentido, uma tática por excelência e sofisticada para neutralizar o evento escolar.

A igualdade evoca talvez o maior medo quando alcança a tática de naturalização, e esse medo nunca deixa de alimentar as tentativas de domar a escola. É um medo motivado principalmente pelo fato de que a escola é essencialmente um tempo e espaço públicos onde as questões comuns são a ordem do dia. É em relação a esses assuntos – a matéria que é apresentada – que os alunos emergem como iguais em um nível de situação inicial em que podem começar o trabalho de se envolver em algo atentamente, exercitando as suas mentes e formando a si mesmos. A posição relativa de um indivíduo em relação à escola é, nesse sentido, semelhante à sua posição em relação à democracia (Rancière, 2007). Mesmo entre os partidários da democracia, existe a tentação de expressar apenas um apoio condicional: "todo mundo tem o direito de falar, mas alguns têm mais direito do que os outros, em virtude das suas capacidades e competências", "o eleitor nem sempre sabe o que é bom para ele", etc. A democracia tem algo radical e está em desacordo com a aristocracia (com a nobreza, a Igreja, etc.) e é, portanto, sujeita à pressão de um grande número de formas de domação e neutralização. O mesmo se aplica à escola e à radicalidade nela contida. A escola consiste em expropriação, desprivatização e dessacralização, e, portanto, na radical – ousamos até dizer na potencialmente revolucionária – oportunidade de renovar o mundo. O que é oferecido na escola de igualdade é, essencialmente, para todos e ninguém em particular. Trata-se do bem comum e isso significa que a escola também tem uma espécie de dimensão comunista, se ainda podemos usar essa palavra. Comunista não como uma doutrina política, mas como o estado temporário de suspensão ou expropriação durante o qual, quando o mundo é aberto, a experiência de "ser capaz de" se torna possível. Poder-se-ia dizer que o comunismo (como uma estratégia política) é, na verdade, uma tentativa de recuperar politicamente a escola e institucionalizá-la socialmente. E isso tem um preço alto. Comunista, como algo que se refere ao ato radical de privatização e liberação para uso público é, talvez, em primeiro lugar, um termo educacional em vez de político. O efeito comunista é, naturalmente, algo que é muito temido por todos que têm interesses adquiridos específicos, vacas sagradas ou mesmo proposições científicas a serem defendidas. Daí o chicote aristocrático e a tentativa de tornar a escola uma máquina de seleção para perpetuar a posição de uma elite. Mas há também o chicote meritocrático que legitima a desigualdade com base em méritos e que liga o grau e a extensão do treinamento com o desempenho. Existe também o recente encantamento de agenciar talentos individuais, segundo o qual o percurso predeterminado de um aluno pode ser adivinhado. O ponto de partida em todas essas tentativas de domar a escola não é a igualdade, mas uma *suposta* diferença factual que a escola é convidada a admitir, reconhecer, confirmar e aceitar. O ponto de partida não é a igualdade. O que realmente está sendo verificado uma e outra vez e em diferentes iterações é a desigualdade e a diferença. É, por conseguinte, não uma experiência de emancipação ou de ser capaz de começar, mas uma de "não ser capaz", "ser capaz somente de", "ser menos capaz", "ter de ser capaz" ou, simplesmente, "ter que" em si.

Essas três táticas – politização, pedagogização e naturalização – domam a escola acoplando-a a algo fora dela mesma (sociedade, família, natureza). Mas também existem algumas táticas que "desescolarizam" a escola a partir de dentro.

XVII. Tecnologização

Como vimos, o projeto da escola tem uma dimensão tecnológica inconfundível. Engajar no estudo e completar exercícios implicam o emprego de técnicas. Tais técnicas permitem aos jovens assumirem tarefas e, simultaneamente, a si mesmos, e isso com a intenção de moldar, melhorar e ultrapassar a si mesmos. A tecnologia inclui a materialidade concreta da escola (o edifício, a sala de aula, o quadro-negro, mesas, carteiras, etc.), mas também as ferramentas (caneta, livros, giz, lápis, etc.) e os métodos de trabalho (ensaios, conjunto de problemas, exames, etc.), todos os quais objetivam uma espécie de disciplina para focar a atenção do jovem sobre sua tarefa ou coisa específica. Alcançar esse foco é a pedra de toque de uma técnica escolar eficaz. Usamos o termo tecnologização, assim, para referir a uma tática de domar em que os critérios para uma boa técnica escolar – e os critérios para um bom professor e uma boa escola – passam a ser situados na própria técnica. Em outras palavras, a tática de domar da tecnologização refere-se à busca por critérios e garantias técnicos onde o objetivo se torna a otimização do desempenho técnico.

Essa forma de domar aparece em diversas versões, sendo a principal delas um foco na eficiência e eficácia na educação. Eficácia implica que o objetivo de uma técnica – e também da escola, do professor e do aluno – é fixo e que a ênfase recai, portanto, em encontrar os recursos adequados para cumprir essa meta estabelecida. O foco na eficiência significa identificar a forma adequada de alocação de recursos (por exemplo, em termos de carga de trabalho ou custo), dado o objetivo pretendido. Uma vez que o foco foi definido sobre a eficácia e eficiência, o objetivo se torna

Domando a escola

fixado e o chicote da domação pode, assim, tomar medidas enérgicas sobre os recursos e todos os outros fatores que estão no caminho da eficácia e da eficiência. A domação é conseguida fazendo-se do objetivo fixado o critério para determinar os recursos apropriados e o uso adequado desses recursos. Contrariando esse argumento, não queremos afirmar que os métodos de trabalho escolares não têm nenhuma eficácia, nem que não devemos considerar o que essa eficácia pode ser. Também não pretendemos afirmar que os professores não são orientados por objetivos. Na verdade, eles são – eles não vêm de algum planeta estranho intocado pela tecnologia. O que afirmamos, mais propriamente, é que isso não mais permite à escola e ao professor tentar coisas novas. Os métodos de trabalho devem ser experimentados e testados, e isso sempre implica que o próprio professor, a classe inteira *e* as metas estabelecidas devem ser parte do experimento. Isso é o que entendemos como uma abordagem experimental da educação. Não no sentido de testar empiricamente as relações recursos-objetivo – o que implica que você já sabe o que é que procura e, assim, está simplesmente determinado a aumentar a eficiência e eficácia – mas sim no sentido de se atrever a trazer você mesmo para o ponto em que você não sabe o que faz nem como, e, portanto, não sabe exatamente o que é que está procurando (RHEINBERGER, 2007). Isso é o que significa experimentar algo no sentido estrito da palavra. O que uma nova técnica ou uma nova aplicação de um método de trabalho existente faz para você como um professor, para os alunos, mas também para os *objetivos e a matéria* é colocá-los todos no jogo. A escola ou professor eficiente e eficaz renunciam aos "fatos": "esses são os fatos e essa é a forma como lidamos com eles!" A escola e o professor que tentamos esboçar aqui veem qualquer referência aos "fatos" como um sinal para tentar outra coisa: "podemos lidar com isso de uma maneira diferente?" Podemos formular isso da seguinte forma: a formação também se aplica ao professor e à escola. Eles também devem "moldar-se" e, consequentemente, tentar coisas novas para encontrar sua forma.

Uma segunda variante de domar por meio da tecnologização é a "performatividade": a busca de uma relação ótima entre entrada e produto (LYOTARD, 1984). Nessa conceituação, a escola se torna outro nome para o processamento de entrada em saída, ou seja, de inteligência nos resultados de aprendizagem, talentos nas competências, *status* socioeconômico dos alunos na saída (des)qualificada. Enquanto na lógica da eficiência e da eficácia somente as metas são fixadas na busca de recursos ideais, na lógica da performatividade ambos, as metas e os recursos, são fixos. E, uma vez que isso acontece, a demanda por otimização torna-se uma demanda de desempenho: melhores resultados, resultados mais rápidos. O critério passa de "a meta" para "os resultados mais recentes" (nós desempenhamos melhor que antes, então somos de alto desempenho) ou "os resultados dos pares" (nós superamos em desempenho outras escolas ou professores (similares), por isso somos de alto desempenho). Dessa forma, o imperativo "ser competitivo – com você mesmo e com os outros" – é inscrito no sistema educacional. Com o advento da performatividade, o impulso competitivo torna-se um fim em si mesmo e cria uma cultura de teste e de exibição e, é claro, uma corrida absoluta. As palavras-chaves para uma sociedade baseada em desempenho são bem conhecidas: mais rápido é melhor; ficar parado é ir para trás. Pense na mentalidade de desempenho em torno de carros, computadores e, sem dúvida, pesquisadores.

A velocidade máxima, capacidade, memória, publicações com posições de destaque – a competitividade e a curiosidade, aparentemente, andam de mãos dadas. A obsessão com os resultados da aprendizagem e os ganhos de aprendizagem podem ser vistos como o equivalente educacional disso. Assim como o chicote da eficiência e da eficácia resulta em instrumentalização (a fim de cumprir as metas definidas), o mesmo acontece com o chicote da performatividade direcionada ao monitoramento. O ideal é uma medição contínua do desempenho a fim de produzir o *feedback* permanente. Um dedo no pulso de tudo e de todos. Tudo e todos devem ser monitorados, e nenhum segundo pode ser poupado para ajuste ou afinação. Isso levanta a questão de saber se hoje a economização da escola é, na verdade, o resultado de um mercado de trabalho invasivo. Afirmaríamos que a escola está domando a si própria a partir de dentro, em nome da performatividade e competitividade. Em outras palavras, o sistema educacional está criando sua própria economia de crescimento, com valor agregado, ganhos de aprendizagem, créditos de aprendizagem, e um aparelho crescente de monitoramento e de retorno como seu foco. Quanto a descrever o objetivo final de tudo isso, recebemos palavras com significado basicamente vazio: "alcançar a excelência". Ou melhor, essas são todas as palavras significativas agenciadas por aqueles que dão livre poder ao seu impulso competitivo. Enquanto isso, a "inovação" torna-se o sintoma de uma escola "excelente". Para tal escola, a inovação competitiva é um objetivo em si, sem necessidade de maiores explicações. Em uma época de inovação, aquilo que existe atualmente é, por definição, obsoleto no momento em que é criado. É evidente que uma escola como essa é suscetível às tendências – e desempenha um papel na criação e perpetuação da educação que está na moda. E o que torna essa tática de domar tão irônica? Ela gira em torno de uma técnica desenvolvida *pela* escola *contra* a escola: o exame. Além de sua função típica como uma ferramenta pedagógica para incentivar os jovens a estudar, praticar e testar a si mesmos, o exame há muito tempo tem sido um instrumento usado pelos professores para medir e guiar o progresso desses jovens. Mais recentemente, no entanto, o exame – como um teste de resultados de aprendizagem ou medida de desempenho – tem se tornado um instrumento para auditar o desempenho dos professores e da escola. E qual é o prêmio da escola e do professor com alto desempenho? Os resultados de aprendizagem da nova geração. A tarefa? Gerar lucro (por maximização do produto) usando a geração mais jovem como o capital de risco. Dito de outro modo, as escolas e os professores são obrigados a voltar para a escola por tempo indeterminado – e são induzidos a aceitar um sistema de medição constante de desempenho. Vemos isso como o nascimento da escola capitalista e do professor capitalista focados na maximização dos ganhos de aprendizagem – a demolição do seu coração comunista. A queda deste muro (de Berlim) equivale à desescolarização de dentro para fora.

XVIII. Psicologização

A *psicologização* é outra tática organizada a partir de dentro da escola para condicionar professores e alunos. Não se pode negar que a psicologia desempenha um importante papel na educação. Isso não é novo e não é problemático em si. O que ameaça o acontecimento escolar é a tendência a substituir o ensino por uma forma de orientação psicológica. Aqui, é esperado que o professor desempenhe um papel tanto de professor quanto de psicólogo, substituindo a responsabilidade pedagógica pela prestação de cuidados terapêuticos. Uma expressão dessa tendência é a ênfase no bem-estar psicológico dos alunos e na "motivação para aprender". A psicologização acontece uma vez que o ato de levar em conta o mundo psicológico do aluno é tornado uma condição necessária para o ensino. Na prática, a psicologização acontece quando os atos de despertar o interesse e focar a atenção em alguma coisa – atos inerentes à responsabilidade pedagógica – são reformulados em "motivar os alunos a aprender". A escola consiste em estar atento a ou ter interesse em algo, e esse algo é precisamente o que faz com que seja possível puxar os jovens para fora daquilo que os rodeia. Motivar, por outro lado, é uma questão pessoal – o aluno é jogado de volta sobre si mesmo. Arrancar os jovens de seu mundo – mesmo que apenas dentro dos muros da escola – é um acontecimento emocionante. Mas há também uma tendência para falar disso como uma experiência potencialmente traumática. Além disso, o estudo e a prática exigem esforço, uma espécie de disciplina. Se a atenção e o interesse estão presentes entre os alunos, então, eles estão dispostos a pagar o preço. Ou melhor, estudo e prática consistem em pagar esse preço repetidas vezes em momentos de dificuldade, e esse sacrifício merece o esforço porque o foco está sobre uma coisa mais importante. Nesses momentos intensos, o bem-estar não é a principal preocupação para os alunos – a menos que o professor, como um terapeuta amador, os lembre de que ele é. A extensa psicologização realmente termina em uma "emopedagogia" (FUREDI, 2009): um ato pedagógico não realizado por amor ao mundo, mas sim totalmente enquadrado em torno do bem-estar emocional dos jovens. Isso nega aos jovens a oportunidade de serem estudantes,

COLEÇÃO "EDUCAÇÃO: EXPERIÊNCIA E SENTIDO"

para representarem a geração jovem e serem dominados por algo além de seu universo psicológico.

XIX. *Popularização*

Ligada a essa ampla psicologização está a tática de *popularização*. Um exemplo extraído do Reino Unido é o uso de técnicas do mundo do entretenimento (tal como a televisão popular) nas salas de aula para agir contra o tédio. A ideia é colocar professores com habilidade de garantir um alto número de "espectadores" e "ouvintes" na frente da classe. Uma aula enfadonha está fora de questão, e uma sala de aula entediada é um sinal de fracasso. Ainda mais forte: deve ser evitado empregar professores chatos e os alunos entediados são uma bandeira vermelha pedindo uma intervenção rápida. O foco exclusivo no relaxamento e no prazer (de ver/ouvir) significa uma domação da tensão exigida pelo estudo e a prática. Trata-se de aliviar essas tensões – entre os alunos e a matéria – e, por assim dizer, chegar o mais perto possível do mundo dos alunos. Essa popularização, assim continua o pensamento, fornece o relaxamento necessário para aprender. Não há necessidade de os jovens saírem do conhecido divã; o professor se instala ao lado deles e entra em seu mundo. Certamente, o professor popular pode cativar a atenção dos alunos, assim como fazem os *shows* da televisão popular (STIEGLER, 2010). Eles mantêm as pessoas coladas à tela. E, talvez, eles também lhe ensinem alguma coisa. Nosso ponto não é que a aprendizagem não pode ocorrer de forma lúdica, descontraída. Nosso ponto é que a escola consiste em outra coisa: a atenção para a matéria, mediada através da sala de aula, arranca os alunos de seu mundo e os coloca "dentro do jogo". A tensão não é convertida em relaxamento, mas em esforço. Isso significa que o aluno constantemente se perde em algo digno de seu esforço. Certamente, alguém também pode se perder no relaxamento – passando o tempo à toa no sofá, por exemplo – sem exercer qualquer esforço. Na escola, o tempo é *criado* ao invés de se permitir passar o tempo, e a ordem do dia é a formação em vez do relaxamento. A formação se refere a elevar-se além de seu mundo. A aprendizagem refere-se a expandir o seu mundo. Nesse sentido, há verdade na afirmação de que a televisão é uma janela para o mundo, e que se pode aprender algo assistindo televisão. Mas continua a ser uma atividade estacionária que não requer que se saia de casa. Ela não afasta você do seu mundo (doméstico) – não importa quão grande a tela possa ser. Formulando claramente: a popularização mantém os alunos infantis enquanto a escola é um lugar para amadurecimento, avanço, encontrar um caminho no mundo e elevar-se acima de si mesmo – e, portanto, também de ultrapassar seu mundo. Isso toma tempo e pode levar a momentos de tédio. Pode ser desagradável – daí a tentação de relaxar – mas, muitas vezes, são justamente esses momentos de tédio ou desinteresse que são impregnados com o potencial de, de repente, explodirem em algo interessante. Não estamos fazendo aqui um apelo ao tédio e à monotonia. Estamos fazendo um apelo contra a tendência comum de imediatamente problematizar e propor um corretivo para tudo que pertence à *condition humaine et scolaire*.

CAPÍTULO 4

Domando o professor

A escola – como tempo livre em que o mundo é partilhado e as crianças e os jovens têm a experiência de serem capazes de começar – deve ser criada. Nesse "espaço feito" de corredores, salas de aula, livros didáticos e tecnologias, o professor, como já indicamos, ocupa um papel particularmente especial. Para nós, no entanto, o professor não é um *tipo* histórico, sociológico ou psicológico, mas sim uma *figura* pedagógica que habita a escola. Rigorosamente falando, seria mais apropriado e mais preciso usar a antiga expressão "mestre-escola": ele é um mestre, alguém que compreende e ama seu ofício, porém o realiza não em uma oficina ou em um negócio, mas na escola. É um mestre da educação escolar, onde "escolar" se refere à "essência" escolar que descrevemos. Infelizmente, a expressão está fora de uso. Agora ela tem uma conotação quase exclusivamente negativa e jocosa e é associada apenas aos indivíduos não-tão-carinhosamente-lembrados que assombram nossa memória pessoal e coletiva. Por essa razão, vamos nos ater a usar a palavra "professor". O professor como uma figura pedagógica e um mestre, ao mesmo tempo dedicado e bem versado em seu assunto. Mas também um mestre que faz

131

a escolha consciente de remover seu ofício ou negócio da esfera produtiva, onde ainda tem um retorno claro, a fim de engajá-la e oferecê-la total e exclusivamente como matéria (o assunto por amor ao assunto, o ofício por amor ao ofício). Isso é o que o engenheiro faz quando deixa seu emprego na indústria e assume uma posição na educação, pois, como um professor de engenharia, pode se ocupar unicamente com a técnica em si e não com a técnica em um sentido econômico ou social. Ao fazer isso, confessa não apenas um amor pela técnica, mas também um desejo de explorá-la livremente, não muito diferente da forma como fazem as crianças, tornando-a pública e libertando a si mesmo e ao seu assunto – pelo menos temporariamente – da submissão a uma ordem econômica ou social. Mas também está expressando que ama a técnica *e* as crianças o suficiente para apresentar essas coisas para a nova geração – o que, simultaneamente, o libera e a seus alunos do poder da velha geração (pais, avós, adultos), ou, pelo menos temporariamente, suspende o poder dela (algo de que os membros da velha geração estão bem conscientes quando deixam seus filhos na escola todas as manhãs). O engenheiro-que-virou--professor não é mais um "escravo" da economia, nem da ordem social, nem da esfera doméstica e de seu chamado "realismo". É uma espécie de escravo liberto.[9] Alguém que se entrega ao seu amor pela técnica (ou, em um sentido geral, o seu amor pelo assunto ou pelo mundo). Ele se preocupa mais com o assunto do que consigo mesmo ou a ordem social – o que está mais ou menos fixado no espaço

---

[9] Estamos aludindo aqui ao fato bem conhecido de que nossa palavra "pedagogo" tem sua origem na palavra grega para escravo, cuja tarefa era levar uma criança para a escola.

Domando o professor

e no significado – dentro da qual o assunto está contido. Ele também se dá além de seu amor pelas crianças – ama as crianças mais do que ama seus pais. Há, é claro, riscos envolvidos: um escravo liberto como ele deve ganhar a nossa confiança se vamos confiar os nossos filhos a ele e pode, rapidamente, se tornar objeto de suspeita, medo e talvez até mesmo de ciúme (provocado por uma inveja de seu *status* liberado ou emancipado). Por um lado, uma pessoa que desiste de ser um engenheiro "real" ou "verdadeiro" é considerada uma idealista. Por outro lado, ele é visto com piedade como um fraco que não conseguia lidar com "o mundo real". E como professor, como muitos antes dele, inevitavelmente se torna objeto de sentimentos muito ambivalentes: admiração, atração, respeito ocasional misturado com inveja e desprezo profundo. Ele é objeto de reivindicações ridículas e banais, consideradas, simultaneamente, necessárias e absolutamente desnecessárias, úteis e inúteis. Como já dissemos, isso tem a ver com a (falta de) importância pública, pedagógica e a posição do professor. O professor não é um psicólogo, sociólogo ou engenheiro, nem uma mulher ou homem comum, pai ou mãe. O professor é uma figura sem propriedades – o seu *status* é um não *status*, um que não é totalmente incomparável ao da criança. O professor é uma figura sem lugar adequado em uma ordem social, e é, portanto, uma figura pública (como são os artistas, por exemplo). O professor é uma figura que, de uma forma ou de outra, sempre cai fora da ordem estabelecida. (O professor não é "real"). Consequentemente, o professor sempre desestabiliza a ordem estabelecida – ou melhor: sempre a suspende ou a torna inoperante de alguma forma.

O professor é uma figura cujo modo de vida implica certo nível de autoconfiança e autodisciplina. É alguém que constantemente lembra a si mesmo que é um escravo liberto e que há um preço a pagar por isso. (Preocupa-se consigo mesmo). É alguém que constantemente se lembra de que não serve a uma ordem social ou econômica específica que não lhe paga pelo problema – ou seja, está preocupado com a sua própria relação com a matéria, e, portanto, é alguém que aceita ser chamado de aproveitador. E é alguém que se lembra de que não serve aos pais ou à velha geração, apesar de ser membro dela – alguém que está, portanto, cuidando de sua relação com as crianças e está disposto a ser chamado de "sabichão". Isso também implica que deve checar-se: deve combater o egoísmo, evitar o pedantismo e, acima de tudo, abster-se de duas formas de amor inapropriado ou tornado absoluto, sendo que ambas são, na verdade, amor privatizado ou autoindulgente. A primeira é uma absolutização do amor pelo mundo segundo a qual as coisas do mundo são transformadas em *suas* coisas e já não são trazidas para a mesa e liberadas para todos usarem. Tal professor bloqueia a nova geração, porque a experimenta como uma ameaça. Tolera ou (faz mau) uso da geração jovem para seus próprios fins *e* rejeita todas as formas de renovação. A segunda é a absolutização do amor pelas crianças onde estas são transformadas em *suas* crianças e a tarefa do ensino é deixada à margem. Tal professor não leva as crianças a sério e as priva da oportunidade de formação. Uma sufocante absolutização.

Um professor é alguém que não tem claramente delineada a "tarefa" da mesma forma como faz um "profissional". Por outro lado, o professor é alguém que *se* coloca a serviço do assunto ou da tarefa. Ele não os vê principalmente como algo a ser explorado para o ganho financeiro, nem como "seu" assunto ou "sua" tarefa, precisamente

Domando o professor

porque é o assunto ou a tarefa que o cativam e apaixonam. Ele está a serviço das crianças que não são *suas* crianças, mas lhe foram confiadas. Ele ama o mundo e as crianças e, portanto, é um entusiasta ou um *amateur*, cujo amor não se limita ao horário de trabalho. Representa o mundo, a tarefa ou o assunto ("o traz para o tempo presente", para citar Pennac mais uma vez), torna-os presentes e, assim, torna-os públicos em relação à nova geração. Faz isso, não só no sentido de expor ou de mostrar, mas também no sentido de profanar: tornar inoperante a produtividade comum. E, com isso, faz com que o assunto ou tarefa e *ele próprio* se tornem disponíveis. Se os professores como mestres-escolas têm uma arte especial, essa é a arte de *disciplinar* (no sentido positivo de focar a atenção) e *apresentar* (como em trazer para o presente do indicativo ou tornar público). Essa não é uma arte que os professores podem possuir meramente por meio do conhecimento ou habilidades. É uma arte *incorporada* e, assim, uma arte que corresponde a uma maneira de vida – algo ao qual se pode referir como um "chamado", uma palavra usada também por artistas ou mesmo políticos. Sempre com uma conotação de surpresa com respeito à irracionalidade (econômica) de certas escolhas de vida e buscas. A arte de disciplinar não é apenas a arte de manter a ordem, como gostamos de acreditar, mas é também a arte de utilizar as técnicas certas para criar a atenção e o foco na sala de aula. É a disciplina não como submissão muda e punição, mas como uma técnica de atenção. E a arte de apresentar não é apenas a arte de tornar algo conhecido; é a arte de fazer algo existir, a arte de dar autoridade a um pensamento, um número, uma letra, um gesto, um movimento ou uma ação e, nesse sentido, ela traz esse algo para a vida. É a arte de trazer algo para a proximidade, envolvendo-o e oferecendo-o. Isso não é um ato de oferta passivo, neutro, nem uma entrega indiferente. É encorajar, envolver ou convidar o aluno para participar na tarefa que está à mão – em suma, criar interesse – e isso a partir de uma posição incorporada. Essa criação de interesse é precisamente o que desperta sentimentos de ambivalência: há, por um lado, admiração, fascínio e apreço pela paixão e inspiração dos professores, e, por outro, a desconfiança (e medo) desta mesma autopaixão e inspiração por parte dos pais, dos políticos e dos líderes que não a aprovam e não podem aprová-la. Seu maior medo: orientação para o "caminho errado" – o filho pré-ungido para assumir os negócios da família ou se tornar um cirurgião que agora, por meio da influência de um professor, tem a intenção de se tornar um artista ou um historiador.

Assim, não é surpresa que tanto a escola quanto o professor tenham sido confrontados desde o início com tentativas de domá-los. E, também nesse caso, podemos falar de uma estratégia global. Essa estratégia consistia e consiste em neutralizar ou "profissionalizar" a dupla relação de amor, ou em transformá-la em uma relação de obediência, como na era moderna – isto é, transformando um escravo liberto em escravo real (o funcionário público-escravo do Estado, o escravo da fé da religião, o escravo doméstico da economia) – ou por transformá-la em uma relação contratual, como acontece cada vez mais hoje em dia – ou seja, transformando o escravo liberto em um serviço profissional ou um "flexível" empregado autônomo e pessoa empreendedora. Os professores foram/são transformados em funcionários civis, prestadores de serviços, empregados/trabalhadores e empresários e, nesse aspecto, tornam-se "profissionais" ocupando posições claras e inequívocas na ordem social. Seu caráter *amateur* e público – seu *status* como um "escravo liberto" – é neutralizado e seu trabalho passa a ser sem amor e privatizado. Cada vez mais o escravo liberto assume a posição de um gerente de negócios privados. E a remuneração agora está ligada à prestação de serviços específicos. Em outras palavras, não está relacionada com os recursos (financeiros) necessários para levar a cabo a tarefa global, ou seja, a incorporação da maneira na qual a sociedade recebe a nova geração e renova a si própria. Isso exigiria que fossem autorizados aos professores os meios para tomarem especial cuidado na determinação da sua própria relação com a matéria e com os alunos, e, portanto, no sentido de que eles sejam isentos ou libertos das exigências de produtividade regulares da sociedade. A estratégia geral da profissionalização da dupla relação de amor é, portanto, também uma tentativa de banir os riscos da escola como um lugar público onde algo pode acontecer (e não apenas algo pode ser aprendido). Além dessa estratégia geral, esta forma de domar encontra sua expressão hoje em várias táticas mais específicas que neutralizam ou até mesmo desativam o cuidado do professor com o eu e sua relação com ele, e a distância de si mesmo, da sociedade e da esfera doméstica.

XX. Profissionalização

Primeiro de tudo e de todos os lados existe o chamado para uma *profissionalização* organizada do professor. Esta é uma tática domar com uma longa história. Vamos evocar três variantes.

Uma primeira variante dessa tática visa substituir a chamada sabedoria da experiência do professor por especialização ou competência. O professor do sonho nesse discurso de profissionalização é aquele cuja especialização é baseada em conhecimento validado e confiável: alguém que age "metodologicamente" e de forma "baseada em evidências". O sonho, que pode ou não ser alimentado por pesquisadores educacionais, é criar um professor equipado com uma base de conhecimento resumido no profissionalismo. A base do conhecimento é constituída de teorias cientificamente provadas, modelos, métodos e até mesmo de uma deontologia cientificamente validada. Na medida em que essa profissionalização é propulsionada por disciplinas que se posicionam como "tecno-ciências", tudo isso é acompanhado pela divulgação de critérios técnicos: a profissionalização como uma continuação de domar pela tecnologização. Escondido por trás do rótulo "científico" está o critério presumido de que "ela funciona" (ou não), e muitas vezes envolve a aplicação de conhecimento que tem sido "provado" para atingir determinadas metas (melhores) ou que levam a uma (melhor) realização de determinados resultados de aprendizagem. A realização do objetivo, os ganhos de aprendizagem e as margens de crescimento tornam-se, assim, os termos básicos profissionais do professor nos moldes de um ideal (tecno-) científico: a profissionalização como um caminho para o progresso através da aplicação de ciência e tecnologia. O amadorismo aparece aqui como a condição estafada do professor preso em um mundo privado de ignorância autoconfiante, palpites subjetivos, percepções e desentendimentos persistentes. O imperativo moral que acompanha a profissionalização é o seguinte: aumento acima do estado de *amateurismo*. Isso implica a domação e até mesmo a eliminação do *amateurismo*. Implica também que o significado que acompanha o professor como amante – que age por amor ao mundo e à próxima geração – não é mais corrente no discurso. Qualquer referência ao amor pela causa, pelo assunto, pela matéria torna-se ridícula – essas são as características do professor que mora na caverna. O otimismo que se projeta no futuro da profissionalização

Domando o professor

relega os termos como incorporação, inspiração e geração de atenção para com a lata de lixo do passado ou para as margens: material interessante para a pesquisa histórica ou para os românticos marginais, mas irremediavelmente imprestável como um guia para a pesquisa – menos ainda orientada para o futuro – contemporânea. O ar da escola é cristalizado pelo ideal de sangue-frio de cientificidade. Mas o júri ainda está sem saber se o palácio de cristal no sonho – aquele espaço belo, iluminado, transparente, medido e sem fim, onde tudo funciona – é mesmo habitável. Tudo pode funcionar, mas nada tem sentido. É como se tivéssemos perdido o amor em algum lugar ao longo do caminho. A figura do professor amoroso não é antitética para o desenvolvimento de pesquisa ou profissional. Muito pelo contrário. Ele só não se dá bem com um processo de aprendizagem que se expande em comprimento e largura e uma profissionalização que mira no mundo subjetivo do professor. Vê o desenvolvimento de pesquisa e profissional como um processo de formação que se expande em profundidade e altura em que o professor continuamente se coloca em jogo. O professor também precisa de tempo livre, isto é, tempo para a autoformação por meio do estudo e da prática.

Uma segunda variante da tática de profissionalização começa, igualmente, a partir da já pressuposta expectativa de que o professor é um especialista ou um expert, porém enfatiza a fundamentação "realista" mais do que um ideal científico. Uma ilustração disso são os perfis profissionais compilados pelos governos e as listas anexas de competências básicas esperadas do professor (iniciante). Estes transformam o ensino em uma profissão "por seu próprio direito", com uma função clara e pontos de referência específicos, serviços e resultados para entrega. Nessa formulação, a experiência do professor é geralmente traduzida como "competência", isto é, como (supostos) conhecimentos, habilidades e atitudes que podem ser empregados para realizar tarefas concretas. Em outras palavras, o contexto real de trabalho e, mais especificamente, as funções e os deveres que o preenchem são de importância norteadora. Aqui, novamente, os critérios técnicos de eficiência e eficácia estão na vanguarda: competências profissionais, literalmente, expressam o que deve ser feito a fim de realizar o trabalho real. Competências são a tradução de todos os elementos necessários em um determinado ambiente de trabalho – nesse caso, a escola como um local de trabalho para os professores – que devem existir no local, a fim de implementar as funções e as tarefas necessárias. O professor profissional, em outras palavras, é o professor competente e, mais especificamente, o professor cujas competências são empregáveis no ambiente de trabalho real. Um perfil profissional, portanto, funciona como um instrumento para avaliar, ajustar e desenvolver o profissionalismo do professor, por um lado e, por outro, como o ponto de partida para determinar as competências básicas (na forma de resultados de aprendizagem finais) esperadas de jovens professores recém-saídos da formação de professores. Esses perfis e competências colocam um chicote na mão do governo, que é usado para domar não só a escola, mas também os professores experientes e novatos. Domar em nome das exigências atuais do mercado, do consumo ideal e da empregabilidade. Os perfis profissionais são conservadores em essência; os programas de formação de professores compatíveis reproduzem as competências para o contexto educacional do momento atual. Nesse sentido, o lema padrão para jovens professores em formação passa a ser "avante com o passado". Outro objetivo é o posicionamento uniforme da "profissão" dentro da linguagem padronizada de competências.

E como em qualquer linguagem padrão, surgem dialetos como um fenômeno difícil de erradicar e algo que ainda é valorizado, com certa nostalgia, em distritos de educação privados, mas que, todavia, em breve será fornecido com legendas padronizadas. O ideal de cientificidade abre espaço aqui para o realismo do mundo profissional. Mas enquanto a profissionalização em nome de idealismo científico resulta em uma realidade fria, empresarial, uma profissionalização motivada pelo realismo parece resultar em uma virtualidade risível. As listas de funções, competências e subcompetências evocam uma complexidade que assume uma vida própria. O trabalho manual de determinar os objetivos do curso e desenvolver um currículo torna-se um desafio para os profissionais charadistas; as regras são estabelecidas e os lápis são apontados para a verificação de subcompetências alcançadas. Para o aluno e o professor em treinamento no início do seu desenvolvimento profissional, o jogo começa aqui, com uma realidade empresarial e uma virtualidade risível. O que desaparece – ou pelo menos silencia – é o professor atencioso que está verdadeiramente dedicado à causa. Conhecimentos, habilidades ou atitudes são reduzidos a "competências". Mas a obtenção de tais competências não pode garantir um trabalho bem feito, e muito menos uma relação amorosa com ele. O amor pelo mundo e pela nova geração mostra-se em sabedoria, ações e relações. Ou, dito de outra forma, um professor competente não é a mesma coisa que um professor bem formado.

Uma terceira variante tática está relacionada com as duas anteriores: profissionalização através da pressão da responsabilidade. As duas versões anteriores de profissionalização consideram prover educação ou ensino como forma de prestar um serviço. Nessas variantes, o professor ou profissional competente é alguém que está a serviço de

COLEÇÃO "EDUCAÇÃO: EXPERIÊNCIA E SENTIDO"

algo ou alguém, e mais especificamente, é alguém guiado pela demanda. Isso pode variar da centralidade no aluno para a centralidade no mercado de trabalho para um foco em atingir determinados objetivos (impostos por um governo em nome das expectativas sociais). E uma vez que a educação se torna um bem fornecido ao serviço de uma demanda específica – por vaga ou obscura que possa ser – então a *qualidade* se torna uma medida muito importante. O termo "qualidade" – como todos nós provavelmente encontramos até agora – tem valor em virtude de seu significado "vazio". Toda e qualquer coisa pode se tornar um indicador de qualidade, e nada pode escapar do olho da garantia de qualidade que tudo vê. O termo "cultura de qualidade" expressa perfeitamente a submissão voluntária ao olho da qualidade que tudo vê. Toda atividade de primeira ordem deve, como uma espécie de reflexo automático, ser acompanhada por uma atividade de segunda ordem, que sempre se resume às seguintes perguntas: "Como é que isso contribui para um serviço de alta qualidade?" e "Será que o que estou fazendo constitui um suprimento ao serviço da demanda?". Quando esses tipos de questões orientam as ações do professor, uma cultura de prestação de contas é criada: uma capacidade, uma necessidade e, especialmente, um desejo de se manter responsável por indicadores de qualidade predefinidos (as necessidades dos alunos, a satisfação, metas e ganhos, indicadores de desempenho, etc.). Não surpreende que isso seja muitas vezes acompanhado por um organismo externo de terceiros – um comitê de visitação ou o escritório de um inspetor – que cumpre uma função de terceira ordem: uma polícia de cultura que regula se a cultura da qualidade está, de fato, presente. Em tal cultura de qualidade – que cada vez mais se assemelha a nossa – a incapacidade ou a recusa em prestar contas de seu desempenho é vista com desconfiança ou como um sinal de falta de qualidade. Há prováveis variantes de cultura de qualidade relacionadas com as variantes de profissionalização baseadas cientificamente ou no mercado de trabalho: o realismo profissional em que a garantia de qualidade dá lugar a uma burocratização coercitiva (onde a prestação de contas é um sério problema formal atraente às regras estabelecidas, procedimentos e indicadores), ou o virtualismo lúdico, em que a garantia de qualidade é o nome do jogo (onde a prestação de contas é uma coisa própria dele; um exercício de malabarismo de palavras, conceitos e procedimentos). Mas há também uma terceira variante, o que acontece quando a prestação de contas (como uma atividade de segunda ordem), na verdade, *precede* o ensino e a construção de uma escola (como uma atividade de primeira ordem). Nesta cultura, o que quer que seja é considerado desnecessário ou inaceitável de acordo com as regras estabelecidas de um serviço de qualidade, simplesmente, nunca é realmente feito. Dessa forma, o professor, como prestador de serviços, realmente doma a si mesmo: submete-se a um tribunal de qualidade e obedece às leis da qualidade de serviço. Em tal cultura, a garantia de qualidade não é mais experimentada como (maior) alcance burocrático, nem como um jogo chato, mas como um regime louco – com características totalitárias.

Não é inconcebível que tudo isso leve a uma situação em que as chamadas atividades da segunda e terceira ordens levem a melhor – tanto em termos de tempo quanto em importância – na determinação de como uma escola é feita e o ensino é executado. E, para além da ilusão de controle sobre o ensino e a aprendizagem que caracteriza todo o padrão de pensamento em torno do profissionalismo e da garantia de qualidade, isso implica que o professor é chamado para assumir uma atitude focada exclusivamente em resultados, crescimento e lucro – e para, continuamente, justificar suas ações nesse sentido. Isso faz com que a concentração nas coisas de importância (socialmente determinadas) seja cada vez mais difícil ou impossível para o professor e, assim, revogue a sua autoridade para compartilhar o mundo. Seu *amateurismo*, que assume a forma de certa personificação e dedicação à causa, é visto como ridículo e não profissional. Um professor capaz, orientado pela qualidade, certamente não conhece "tempo livre" na realização de seu trabalho e os apelos ao seu tempo são constantes. Seu tempo deve ser produtivo e funcional e ser destinado a um uso o mais eficiente possível no serviço de metas e objetivos predeterminados. Mesmo o tempo gasto em atividades sociais ou a atenção dada aos problemas emocionais dos alunos são tornados funcionais. Tudo isso deve ser justificado em termos de prestação de serviços produtivos. O tempo improdutivo, nessa formulação, só pode existir como tempo de lazer fora do trabalho ou como tempo de intervalo durante o trabalho. Mas, novamente, tanto o tempo de lazer quanto o tempo de intervalo são, realmente, apenas formas de tempo produtivo: tempo utilizado para gerar energia e "recarregar". Nesse regime de garantia de qualidade, o professor pode também ser mais inclinado – como uma reação ou rota de fuga – a enfatizar a distinção entre o trabalho e a casa. A privacidade torna-se zelosamente guardada e as horas são, cuidadosamente, contadas – não tanto para escapar do ensino, mas para fugir da pressão permanente da responsabilidade que vem com ele. Isso tem uma consequência irônica e extrema: o único tempo que sobra para o professor se ocupar com o amor pelo ensino é o tempo livre exigido fora do horário de trabalho. Para o professor autolibertador, a leitura designada se torna leitura de férias

Domando o professor

e, durante o planejamento de aulas, torna-se um passatempo de fim de semana. O tempo para o *amateurismo* é exilado para os entardeceres, as noites, os fins de semana e os feriados. A escola se torna um negócio e o ensino se torna um trabalho, ao invés de uma forma de vida em que não há distinção clara entre o trabalho e a vida privada e em que se pode e se deve perder a noção do tempo em busca de um amor que muitas vezes se estende além das horas trabalhadas. Em outras palavras, não há mais qualquer "tempo livre" para dar forma ao amor pelo assunto, pela causa – pelo menos não durante o horário comercial.

Em uma condição como essa, a responsabilidade é substituída por sua versão domada: a capacidade de resposta tendo em vista a prestação de contas. Quando a responsabilidade é entendida em termos de justificar resultados e retornos, a responsabilidade pedagógica desaparece. Essa responsabilidade se refere à (difícil de medir) doação de autoridade para as coisas e para a formação de interesse. Isso vai além de simplesmente ajudar os alunos a desenvolver talentos (ou capacidade de aprendizagem) ou manter o currículo. Trata-se de abrir novos mundos (e, assim, puxar os alunos para fora de suas necessidades e do mundo da vida imediatos) e formar o interesse. Isso é possível justamente porque o próprio professor demonstra interesse, incorpora-o, e lhe dá tempo para se desenvolver – e agindo assim aperfeiçoa a si mesmo. Esse é o lugar onde a responsabilidade pedagógica está situada. Colocar a ênfase tão fortemente sobre a oferta responsável de um serviço e a responsividade permanente desloca o significado da própria relação do professor para com a causa, a maneira em que a incorpora e lhe dá forma na presença do aluno, e a maneira em que ele cuida de *si mesmo* como uma pessoa. A pressão crescente da prestação de contas ameaça erradicar aquele amor e interesse pelo mundo (o amor pela causa como a causa) e pelos alunos. O risco: um professor que já não partilha o mundo com os jovens e já não pode mais cuidar de si mesmo, ou seja, um professor que deixa, absolutamente, de ser um professor.

XXI. Flexibilização

A cultura corporativa moderna, que valoriza a qualidade e o profissionalismo, exige flexibilidade de sua equipe. O amor duradouro, a perseverança, a convicção e a confiança básica são ruins para a inovação e, portanto, são ruins para o crescimento e o lucro. Ou melhor, essas atitudes tornam-se inscritas em competências que podem ser implantadas em qualquer lugar e sempre que necessário – e assim também podem ser desativadas, onde e quando necessário. Por quê? Porque a meta-competência do professor competente é a capacidade de garantir que ele está disponível e empregável em todos os momentos e em todos os lugares. Portanto, ele deve assegurar que tem todas as competências necessárias para tornar-se imediatamente disponível. É isso que a técnica de *flexibilização* objetiva alcançar: o professor que nunca está *empregado*, mas pode ser *posicionado* em qualquer lugar. O professor flexível não mais é alguém que é arrebatado por seu assunto e vive para ele, mas alguém que pode ser arrebatado por tudo – na medida em que a demanda exija. Para ele, cada escola é um local de trabalho como qualquer outro; ele pode – se necessário – mostrar lealdade a qualquer escola, e também se retirar dela – afinal, a lealdade é uma competência. A flexibilidade também significa mobilidade. O tempo de limitar a palavra "mobilização" ao contexto da guerra –

o movimento de pessoas e de equipamentos – já passou. Além disso, aceitamos sem muita resistência que devemos entrar na luta por uma economia de conhecimento competitiva; na luta para alcançar o sistema de educação de mais alto desempenho na Europa ou até mesmo no mundo; na luta para vencer o campeonato de escolas e professores excelentes. Mas, do modo como essas coisas costumam caminhar, ainda não está claro em *qual* guerra ou campeonato estamos sendo mobilizados para competir. Isso é projetado como uma questão de necessidade: a flexibilidade e a mobilidade são partes indispensáveis da obediência cega do professor militante à ordem. Todas as batalhas têm baixas; todos os campeonatos precisam de perdedores. Mas esse é o preço a ser pago para fornecer um serviço de alta qualidade e alcançar excelência. As táticas de flexibilização funcionam sutilmente e conjuram novos ideais de e para o professor, muitos dos quais exercem sobre ele um efeito de domação.

Em primeiro lugar, a flexibilidade demanda um tipo de (auto) monitoramento permanente. Diz o ideal que o professor deveria estar no topo da situação em todos os lugares e em todos os momentos, a fim de aumentar a capacidade de disponibilidade. Na medida em que o professor flexível deve ser disponível ao máximo, por certo é importante monitorar constantemente a capacidade de disponibilidade. Hoje, como já foi dito, o bom professor é o professor competente e o professor competente é o professor cujo portfólio tem marcas de controle ao lado de todas as subcompetências corretas. É o professor que, como um gerente, exerce um contínuo automonitoramento do capital adquirido em seu portfólio e dos seus pontos fortes e fracos. Ele pensa, permanentemente, em termos de graus de competência (parcial). A autorreflexão assume um significado muito específico aqui: tendo em vista a disponibilidade permanente, isso implica uma avaliação contínua de seu próprio desempenho em termos de pontos fortes e fracos, a documentação permanente do ponto principal de sua competência e o desenvolvimento contínuo de estratégias de mercado para vender sua própria força de trabalho. A autorreflexão, em outras palavras, é um fator de autogestão. O sonho é o professor como uma empresa pequena, mas excelente e bem gerenciada. Espera-se, então, cada vez mais, que o professor gerencie seu próprio tempo ("estabelecer prioridades"), sua produção de energia ("exercer esforço e recarregar as baterias"), suas competências ("um par de tarefas para recursos humanos adequados") e seu nível de qualidade ("desenvolver qualidade de serviço"). O resultado é que todos os tipos de problemas na escola e no seu funcionamento podem ser atribuídos a problemas na autogestão do professor; com determinadas liberdades vêm novas responsabilidades, e muitas vezes isso traz consigo novos pontos de atrito que podem ser usados para censurar o professor e atribuir problemas à sua pessoa ou à sua atitude.

Além disso, é criada uma imagem ideal do professor como *multitarefa omnivalente*. O ensino aqui é visto como uma posição construída por um conjunto de tarefas a serem realizadas, cuja conclusão requer a presença de determinadas competências (que podem ou não ser possuídas por um único professor). É claro que o professor deve conceituar o que ele faz em termos de tarefas a serem executadas, a fim de realmente ser capaz de realizá-las. Mais uma vez, a mensagem é: não se deixe levar; estabeleça prioridades. Em vários aspectos essa mobilização do professor – que também não está mais ancorada em um único local ou coisa ou exige que os professores desistam dessas obrigações (para uma escola, um assunto, uma matéria em particular) – implica que o desenvolvimento, aprofundamento e formação da relação amorosa se torna mais difícil e, de fato, passa a ser considerada indesejável. Hoje, a relação com um determinado assunto ou matéria parece ser cada vez mais uma preocupação secundária. Amor pelo assunto ou pela causa não tem, absolutamente, nenhum papel. O professor se encontra situado entre o aprendiz (com seus talentos e necessidades), de um lado, e as competências (com matéria instrumental), do outro. Em tal situação, é difícil dar expressão ao amor pelo assunto e ao amor pelos alunos, e é extremamente difícil gerar interesse por meio do interesse incorporado e do engajamento do próprio professor.

Especialmente em termos de formar novos professores, isso invoca um ideal do professor perfeitamente *treinado*. Os assuntos com um fundo mais ou menos acadêmico não são mais o ponto de partida para o desenvolvimento do currículo dentro do treinamento do professor. Cada vez mais, a norma é uma estrutura modular baseada numa lista de competências. Isso traz à lembrança uma analogia com a ginástica e a musculação: a musculação consiste em treinar grupos de músculos individuais, passar por uma lista de controle de exercícios e repetições e ficar de olho nos resultados. A frequência cardíaca e os níveis de esforço são meticulosamente observados e monitorados, o menor desvio é registrado e a realimentação de sua condição é constante. Trata-se de um regime de treinamento analítico, atomístico. Os músculos e outras partes essenciais do corpo são treinados e o crescimento é acompanhado de perto. Da mesma maneira, os programas atuais de formação de professores não são diferentes de um regime de aptidão física. Mais uma vez, a ideia é praticar competências parciais e trabalhar para incutir um mecanismo de realimentação permanente com base no aumento do monitoramento. O quanto essa formação analítica contribui para uma boa síntese e personificação do amor por um assunto ainda é uma questão em aberto. Um professor bastante musculoso é um professor bem formado? A automonitorização e a autorreflexão como uma função do conhecimento e das competências disponíveis banaliza e ignora o cuidado do professor consigo mesmo. Acima de tudo, o professor amoroso não se orienta em direção a competências (parciais), mas sim rumo à determinada maneira de vida, uma atitude dedicada em relação à vida que se manifesta em sua personalidade e seu relacionamento com a matéria e a nova geração.

Outra idealização que invoca a tática de flexibilização é a imagem do professor *padronizado*. Isso se refere à tendência de modelar o professor em um padrão, e muitas vezes como uma consequência da ênfase no "ensino baseado em evidência" (instrução eficaz e métodos de trabalho) ou nos perfis profissionais e competências básicas. Não é o mesmo que dizer que não há (ou não deveria haver) diferenças entre professores, mas que essas diferenças são variações dentro da estrutura das competências básicas necessárias para realizar o trabalho. A flexibilidade máxima, nessa concepção, só é possível dentro de uma estrutura padronizada que permita empregabilidade e mobilidade; uma estrutura em que tudo e todos são intercambiáveis e intercomunicados tem a mesma unidade de medida e usa a mesma linguagem. Para nós, no entanto, as diferenças são aquilo que faz um corpo de professores amadores se sobressair. Cada professor, individualmente, não é uma variante que pode ser situada dentro de um perfil singular ou de uma estrutura padronizada. O professor amoroso, por assim dizer, é a personificação de somente um padrão individual; ele busca encontrar equilíbrio no que faz e na posição que assume em relação a si mesmo, à matéria e aos seus alunos. Forçar tudo isso para caber dentro de uma estrutura padrão mensurável, francamente, usurpa a alma de um professor. E mesmo se essa é a intenção, tal usurpação, certamente, não é uma coisa boa para o professor. Que a padronização é uma tática potencialmente prejudicial (à alma) não significa que o professor está acima de qualquer forma de controle, de prestação de contas ou de avaliação. A esse respeito, talvez o desafio, agora mais que nunca, seja procurar novos processos e formas de avaliação que dão lugar ao amor e ao cuidado do professor consigo mesmo. A liderança da escola *amateur*, em vez da liderança da escola profissional, é, quase certamente, um pré-requisito para isso. Tal liderança, provavelmente, abandonaria um corpo padronizado de professores competentes em favor de um corpo diversificado de professores amorosos que personificam alguma coisa, que se distinguem por causa disso, e que são um pouco menos moldáveis por causa disso. Um grupo de professores amorosos diferentes aumenta a chance de que um aluno vai encontrar pelo menos *um* professor que estimule o seu interesse; os professores amorosos, bem como os dirigentes da escola, estão bem conscientes de que não podem estimular o interesse de cada aluno e de que ser popular não significa, necessariamente, coincidir com ser inspirador.

E, finalmente, a tática da flexibilização invoca a figura do professor *calculista*. Isso banaliza a generosidade, a dedicação e o perfeccionismo do professor amoroso, ou, pior ainda, projeta um contínuo sinal de desconfiança básica. Como uma extensão do perfil de competência unilateral e da cultura de qualidade de longo alcance, espera-se cada vez mais que o professor atual monitore e demonstre sua própria prestação de contas. E essa autojustificação deve ser expressa, principalmente, em termos de eficácia e eficiência dos "serviços prestados" e da produção. Na verdade, muitas formas contemporâneas de administração escolar encorajam isso como uma premissa básica. O termo "prestação de contas" se tornou uma peça permanente no discurso político contemporâneo. O ponto de partida é, normalmente, que o professor é uma pessoa calculista que só exerce esforço extra se há "incentivos" envolvidos. Como tal, uma versão econômica da teoria comportamental de estímulo-resposta é introduzida dentro da prática política: um comportamento desejável pode ser provocado se e quando os incentivos certos são oferecidos. Em outras palavras, a suposição é de que os professores agem, essencialmente, de acordo com seus próprios interesses e fazem contínuas análises de custo-benefício antes de decidirem agir. Justificar algo com base no amor pelo assunto ou pelos alunos é, nessa perspectiva econômica, nada mais do que uma ideologia utilizada pelo professor para encobrir suas próprias intenções egoístas. A mensagem de advertência é: desconfie de quem apela para os interesses mais elevados e nobres a fim de justificar suas ações porque isso é, muitas vezes, uma tentativa de fugir ao controle e se esquivar da prestação de contas direta, transparente. Nessa concepção, o truque do negócio é o uso eficaz de incentivos para influenciar a matriz de custo-benefício e coagir os professores a fazerem o que precisa ser feito – e se esses incentivos dão aos professores a impressão (falsa) de que eles próprios escolheram fazer o trabalho ou queriam fazer o trabalho, tanto melhor. A questão que deve ser levantada aqui, no entanto, é se o aparecimento em cena do professor calculista é o resultado – em vez da causa –

da qualidade da cultura contemporânea e da pressão da prestação de contas. Não é concebível que os professores estejam se tornando mais calculistas porque estão, constante e incansavelmente, sendo responsabilizados? Afinal de contas, ser responsabilizado implica que um professor deve mostrar que suas contas estão equilibradas, ou, pelo menos, que ele possa demonstrar resultados de alguma forma – mesmo que esses resultados digam pouco ou nada sobre o seu trabalho como professor. Nossa objeção a essa concepção pode ser resumida em uma pergunta alternativa: É realmente uma loucura confiar no perfeccionismo e nos frequentes esforços incansáveis do professor *amateur*? Provar que um professor só age em seu próprio interesse (e, portanto, que uma política de desconfiança deve ser preferida) é tão difícil quanto provar que um professor não age em interesse próprio (e, portanto, que uma política baseada na confiança faz mais sentido). E se a prova nos escapa, tudo isso se torna uma questão de fé, de suposição. Optamos, decididamente, por partir do pressuposto de que os professores agem por amor ao mundo e por amor à nova geração. Escolhemos a confiança. Mais uma vez, isso não quer dizer que há alguma coisa errada com a ideia de que o professor deve ser responsabilizado. Em vez disso, discordamos da forma específica que isso toma no "discurso político" atual, o que obriga o professor a conceber o seu trabalho como uma empresa produtiva orientada para o resultado. Para o professor de hoje (como um representante da sociedade), o ensino não é mais uma tarefa pedagógica que envolve um compromisso (não calculado) com a causa, o assunto, e as crianças, o que vai acima e além de produzir resultados de aprendizagem e coletar os incentivos que vêm com isso. A autoridade imensurável que um professor comunica às coisas ou o ato de gerar interesse em um aluno implica a aceitação da prática escolar como um evento aberto; alguém que não pode ser controlado ou avaliado por meio de resultados ou incentivos predeterminados e, portanto, não pode ser responsabilizado nesses termos. Se a sociedade deve ser renovada, deve se libertar e se arriscar a confiar a responsabilidade por essa renovação a figuras – professores – isentas da obrigação de produzir resultados.

CAPÍTULO 5

Experimentum scholae:
a igualdade do começo

Inicialmente, pode ter parecido estranho apresentar uma defesa do verdadeiro direito de existir da escola. Ninguém pode realmente acreditar que a escola está à beira de desaparecer e que está sendo ameaçada de maneiras muito reais. Os edifícios escolares ainda estão de pé, muitos deles tão maciços e imemoriais como sempre – construídos de pedra sólida. E novas escolas também estão sendo construídas. Os programas de formação de professores estão em alta demanda, embora se deva dizer que alguns cursos têm problemas e que há um risco de uma escassez de cargos. E todas as pessoas, ou quase todas, ainda vão para a escola. De fato, muitas escolas estão superlotadas; os alunos estão fazendo fila para serem admitidos dentro de suas paredes. Além disso, se há uma coisa de que, atualmente, estamos convencidos é que as escolas flamengas têm um bom desempenho no campeonato de educação global. Podemos não liderar em todas as categorias – nem todo mundo tem a chance de brilhar – mas, certamente, não estamos ficando na retaguarda e o progresso está sendo feito. E ainda assim...

E, mesmo assim, a escola está sob ataque agora mais do que nunca. Como já indicamos, esses ataques não são novos. Desde a sua criação e ao longo da história, a escola tem sido confrontada com as tentativas de domar a sua dimensão democrática e comunista. Esses esforços são mais mortais hoje do que nunca. Pode haver muitas escolas novas, e quase todo mundo pode (querer) ir para a escola, mas, como já dissemos, as estratégias e táticas para domar a escola permanecem. E essas estratégias e táticas atingem o coração da própria escola; a única coisa que torna a escola uma escola e anima a sua existência é o amor pelo mundo e pela nova geração.

Nossa preocupação com a escola e nossa defesa de sua existência, certamente, podem ser entendidas como um apelo *pro domo*. Somos pedagogos e isso significa que, para nós, a escola, seus professores, sua matéria e seus alunos são o que nós amamos. Mas isso não é apenas um problema para os educadores. É uma questão pública, um problema que afeta a todos nós. Em seu famoso pedido de desculpas que nos foi narrado por Platão e Xenofonte, Sócrates se defende apontando a importância do filósofo e da filosofia para o Estado e a sociedade. Filósofos e filosofia garantem que os cidadãos não se desvaneçam em complacência, mas se mantenham alertas e cuidem de sua existência individual e coletiva. Em nossa opinião, a invenção da escola – onde esses filósofos e sua filosofia (felizmente) passariam a encontrar abrigo – é socialmente muito mais abrangente e radical. A escola e a experiência escolar de "ser capaz de", que a acompanha, (e não a experiência filosófica de "admirar-se" ou a experiência moral de "obrigação") são o que produz a, eminentemente, revolucionária assinatura da democracia na e sobre a sociedade. A concreta personificação da distinção entre "tempo livre ou não destinado" e

Experimentum scholae: a igualdade do começo

"tempo produtivo ou destinado" que dá origem à escola e a seus personagens caminha lado a lado com tornar visível a igualdade e tornar possível a capacidade de começar. A escola rejeita toda e qualquer noção de um destino predeterminado. É surda para a invocação de um destino ou de uma predestinação natural. A escola se baseia na hipótese de igualdade. Oferece o mundo como um bem comum, a fim de permitir a sua renovação através da formação de interesse e de curiosidade. A escola é, portanto, não só uma invenção democrática como também uma invenção comunista pelas quais o mundo não somente é transmitido, mas também libertado – a escola cria um "bem comum". Para nós, ela é uma invenção particularmente digna de defesa hoje, num momento em que o tempo improdutivo parece já não (ser permitido) existir, quando a predestinação natural está fazendo o seu retorno por meio do mito do talento e quando o bem comum está sendo reduzido a uma fonte para a capitalização da existência individual – um *recurso* para a realização de escolhas individuais ou preferências para o investimento produtivo no desenvolvimento de talentos.

Certamente, notamos que os ataques sobre a escola hoje se manifestam como apelos atraentes para maximizar os ganhos de aprendizagem e otimizar o bem-estar para todos. Mas, por trás – ou por baixo – deste apelo se esconde uma estratégia de destruição e uma negação ou neutralização do ideal escolar, que reduz a escola a uma instituição prestadora de serviço para o avanço da aprendizagem e, portanto, para satisfazer as necessidades individuais de aprendizagem e aperfeiçoar resultados individuais de aprendizagem. Esse foco na aprendizagem, que hoje parece tão óbvio para nós, está realmente enredado no apelo para conceber as nossas vidas individuais e coletivas como uma empresa focada na satisfação ótima e máxima de necessidades. Nesse contexto, a aprendizagem aparece como uma das mais valiosas forças de produção, uma força que permite a constante produção de novas competências e forma a máquina para acumular capital humano. O tempo como o tempo de aprender é equiparado aqui com o tempo produtivo ou, mais precisamente, com o cálculo constante com um olhar focado na (futura) renda ou retorno e recursos úteis. Para o indivíduo empreendedor – que hoje inclui alunos, professores e pais – o tempo é sempre ocupado: talentos individuais *devem* ser encontrados e desenvolvidos; as melhores escolhas *devem* ser feitas; o valor agregado *deve* ser produzido; o capital humano *deve* ser desenvolvido e acumulado. Essa condição é adequadamente articulada nos termos "permanente" e "permanência" que atualmente têm bom trânsito. Ser um profissional empreendedor significa ser permanentemente ocupado e aprender em uma base permanente. O tempo para a personalidade empreendedora é, assim, um meio de produção ou mesmo um produto, e, portanto, algo que pode e deve ser "gerenciado". É um tempo de prioridades, investimento e retorno. Se lermos os textos de política dos últimos anos, por exemplo, uma imagem muito específica da educação torna-se aparente, ou seja, a da educação como um meio de produção de capital humano. A educação produz uma saída na forma de resultados de aprendizagem úteis ou de competências empregáveis. Isso é acompanhado por uma história política na qual todos nós somos convocados a implementar nossos talentos e competências para uma guerra (econômica) que, como se diz, deve ser travada de forma permanente para garantir uma sociedade próspera, para oferecer oportunidades a todos e para fazer da Europa a economia do conhecimento de mais alto desempenho no mundo. Como a "agenda de competência" do governo flamengo, na região de Flandres, nos Países Baixos, contém

Experimentum scholae: a igualdade do começo

isso, tudo consiste em "literalmente mobilizar todos para descobrir, desenvolver e implementar competências".[10] O governo e a sociedade estão em guerra ou estão lutando uma batalha permanente e – apoiados pela ciência – encorajam a todos nós a contribuirmos com nossas competências e talentos para o esforço e, acima de tudo, para garantir que as nossas competências e talentos sejam *disponíveis* e *empregáveis*. Estamos sendo mobilizados e chamados ao dever: devemos nos aplicar totalmente e sempre. Não há tempo a perder. A mensagem é: o tempo não é algo que você recebe e não é algo que você dá; é um *recurso* que pode e deve ser *gerenciado*. Nesse sentido, não pode haver "tempo livre", e não *temos* tempo – só podemos definir prioridades para como usar sempre/já o tempo ocupado. Nesta concepção, todo o tempo se torna tempo para aprender, ou seja, tempo produtivo que deve ser otimizado para eficácia e eficiência máximas.

Esse foco na aprendizagem – que hoje parece tão óbvio para nós, porque está ligado ao nosso entendimento da vida individual e coletiva como utilização ótima dos recursos para a satisfação de necessidades – não só constitui um ataque direto contra a escola como tempo improdutivo, mas também funciona como um cavalo de Troia. Ao designar a aprendizagem como a tarefa central da escola, o indivíduo se vê confrontado com uma ameaça radical a partir de dentro. Afinal, se a escola realmente consistisse na aprendizagem, seria preciso provar que na escola a pessoa aprende melhor, mais, ou de uma maneira diferente do que fora dela. E isso está se tornando cada vez mais difícil de fazer. Não só existem muitas coisas que se aprende – melhor

---

[10] Em holandês: "Letterlijk iedereen mobiliseren om competenties te ontdekken, te ontwikkelen en in te zetten". Disponível em: <http://www.ond.vlaanderen. be/nieuws/archief/2007/2007p/0514-competentieagenda.htm>.

e mais rápido – fora da escola, como hoje a aprendizagem se tornou algo que podemos e devemos fazer em todos os lugares. Especialmente com o aparecimento de ambientes virtuais de aprendizagem (graças às novas tecnologias de informação e comunicação), a escola parece, ou melhor, ameaça tornar-se supérflua para a aprendizagem. De fato, na era digital, a escola concebida como um lugar de aprendizagem, onde a aprendizagem é sujeita ao espaço e ao tempo, na verdade, não é mais necessária. O foco na aprendizagem, portanto, leva a um foco em *ambientes* de aprendizagem e a uma abordagem para a tecnologia da informação e comunicação como tecnologia que ajuda a estabelecer que o tempo de aprendizagem produtivo alcance a eficácia e eficiência máximas.

Para nós, o que é necessário é uma mudança de foco. Antes de tudo, todos nós hoje podemos concordar que a atual crise econômica (e seus efeitos no emprego, na pobreza, etc.) não tem absolutamente nada a ver com a falta de competências ou esforço por parte da população (trabalhadora), mas sim é/foi amplamente causada pela especulação capitalista. A mobilização encorajada pelas agendas de competência e pelas grandes narrativas sobre a luta por economias de conhecimento competitivas e pelas fábulas de talentos, repousa em evidência empírica vacilante e leva a uma corrida cega que comercializa tudo e todos e nos deixa com nada, exceto tempo ocupado. Pior ainda, essa mobilização cria, especialmente na educação, uma cultura de qualidade e prestação de contas na qual todos nós estamos constantemente preenchendo os nossos próprios livros de contabilidade pessoal – e lutando contra o desejo de usar meios duvidosos para torná-los equilibrados. Uma subcultura de números exagerados, cálculos adulterados e bolhas nunca está muito longe da superfície.

Experimentum scholae: a igualdade do começo

Mas essa mobilização também leva ao fim da tarefa essencial da escola e da educação: a renovação da sociedade por meio da nova geração. Como já dissemos, a escola não é (muito) o lugar onde se aprende o que não pode ser aprendido diretamente no próprio mundo da vida, mas sim o lugar onde a sociedade se renova, libertando e oferecendo seu conhecimento e experiência como um bem comum, a fim de tornar possível a formação. Isso não diz respeito à demanda de otimização de ganhos de aprendizagem ou de provimento de tempo produtivo. Trata-se da demanda para permitir a formação e o fornecimento de tempo livre para o estudo, a prática e o pensamento. Num contexto em que professores e alunos não têm mais tempo e os desenvolvimentos em tecnologia de informação e comunicação estão, cada vez mais, descontinuando a arquitetura escolar anterior, a tecnologia e a prática, o que estamos enfrentando é a própria reinvenção da escola. Na sua essência, a nossa defesa não é um apelo para a preservação corajosa ou o retorno glorioso às velhas formas, técnicas e práticas, mas um chamado para experimentar formas concretas para a criação de "tempo livre" no mundo de hoje e para reunir os jovens em torno do "bem comum" – um teste ou experiência que não são controlados desde o início por uma visão humana ou social fixa, mas sim uma visão informada por aquilo que temos chamado de educação escolar típica. Até esse ponto, temos nos esforçado para desenvolver um critério – um identificador elaborado de forma tão precisa quanto possível – de educação escolar típica e de seu caráter democrático e comunista. É talvez um critério um pouco incomum. Ou melhor, é um critério no sentido real da palavra: um marcador para estabelecer uma medida de autenticidade; neste caso, um marcador que permite uma apreciação para o material que compõe o escolar – a *gestalt* escolar. Não é um conjunto abrangente de critérios e indicadores para a determinação da qualidade e do valor agregado. O objetivo, concretamente, é a experiência com as diferentes características do escolar. Pensa-se que hoje é possível conceber fazer experiência com as diferentes formas de "tempo livre", o tempo em que a aparentemente muito importante lógica da sociedade da empregabilidade e da eficiência pode ser colocada entre parênteses, temporariamente suspensa para que o indivíduo não seja mais mobilizado, mas lhe seja permitido se preocupar com uma coisa, em um lugar, por algum tempo. Não se trata tanto de "desacelerar" – embora isso possa ser um resultado – mas sim de experimentar exercícios que não são dirigidos desde o início para um resultado específico. Tentar criar tempo livre, sem dúvida, será acompanhado por tentativas de *apresentar* o mundo: a transmissão de autoridade para uma coisa de tal maneira que ela tenha algo a dizer e uma maneira de dizê-lo – em suma, a capacidade de *falar* para alguém. As chamadas "disciplinas escolares" e matérias são as formas clássicas em que essa tentativa é realizada, e o conteúdo curricular "multidisciplinar" é a extensão mais moderna disso. Cada vez mais, no entanto, assuntos e matérias estão se tornando ferramentas – normalmente expressas em termos de competências – para produzir resultados de aprendizagem específicos. O desafio aqui é descobrir o que é digno de ser designado um "bem comum", o que passa no teste de amor pelo mundo e, assim, o que vale a pena liberar para o estudo e a prática e para a formação de pessoal. A este respeito, não podemos mais nos limitar a uma chamada educação literária-cultural (línguas, história, etc.) e a uma (natural) educação científica (matemática, física, etc.) A tecnologia afeta cada parte da vida de hoje, e "libertar"

Experimentum scholae: a igualdade do começo

essa tecnologia é nossa responsabilidade pedagógica. Não fazer isso seria negar aos jovens a oportunidade de renovar o mundo. À medida que a tecnologia se torna cada vez mais entrelaçada em nossas vidas, o livro/escrita como um portador de cultura está cada vez mais sendo substituído por mídias digitais e formas digitais de comunicação com a tela e a imagem como mensageiras de cultura primária. Experimentar a educação tecnológica e digital não significa muito desenvolver caminhos de aprendizagem que resultam em competências básicas nessas áreas. Pelo contrário, o desafio é fazer com que a experiência de *ser capaz de começar* seja possível, particularmente no que diz respeito a aspectos do mundo digital e tecnológico. Não há necessidade (urgente) de ensinar competências nessas áreas – a escola não é, provavelmente, o melhor lugar para isso. Mas experimentar métodos e conteúdos que tornam possível a formação tecnológica e digital é, de fato, uma questão escolar eminente. Aventurar-se fora do seu próprio mundo da vida, ficar interessado e ter tempo para desenvolver um eu "digital e tecnológico" é o que é importante aqui. Não é necessário dizer que isso requer professores *amateurs* que são bem desenvolvidos nesse sentido. Não somente professores que compartilham sua experiência, mas professores que podem suspender o conhecimento produtivo e as habilidades e dar aos jovens o tempo para praticar, estudar e pensar. Talvez a estrutura do curso tradicional não seja a mais adequada para isso e não possa se prestar totalmente para a multidisciplinaridade. Nessa área, também, é necessária a experimentação. Em qualquer caso, uma abordagem baseada em competências não é aconselhável, pois o foco na empregabilidade e no produto pessoal ameaça tornar a formação – e a prática e o estudo do que é tornado um bem comum – impossível.

Devemos experimentar modos de organizar e projetar escolas para criar um espaço dedicado e tempo separado daquele da família, da economia e da esfera política. Esse deveria ser um tempo e espaço que não é caracterizado pelo uso multifuncional, circulação permanente e serviços flexíveis prestados a pessoas com necessidades pessoais de aprendizagem e percursos individuais de aprendizagem voltados para maximizar ganhos de aprendizagem. Mas sim um tempo e espaço que permanece isolado e ajuda a permitir um interesse partilhado no mundo; um momento e espaço tranquilos em que se pode viver, um tempo e lugar onde as coisas podem surgir em si mesmas e cuja funcionalidade está temporariamente suspensa. Como o tempo e o espaço poderiam aparecer se não fossem (completamente) ocupados por expectativas de ganhos individualmente alcançados, mas por uma suspensão temporária dessas expectativas, permitindo a criação de um novo interesse compartilhado, por meio do qual um mundo compartilhado pode ser despertado? Isso exige experimentação no projeto de um tempo e espaço que enfatize a capacidade do mundo (da coisa, do assunto) de emergir e não de um tempo e espaço focado nas necessidades dos indivíduos. E talvez essa emergência e desbloqueio do mundo de hoje não sejam mais apenas uma questão de paredes, janelas e portas, mas também de telas. Existe uma nova necessidade de telas escolares?

Devemos experimentar novas técnicas e também novos métodos de trabalho. Nesse sentido, as Tecnologias de Informação e Comunicação (TICs) podem ser abordadas como uma técnica escolar. As técnicas escolares não são técnicas por meio das quais um governo ou um professor alcançam resultados por encontrarem um alvo predeterminado ou por produzirem determinados ganhos de aprendizagem. Pelo contrário, trata-se de técnicas que permitem a atenção por

Experimentum scholae: a igualdade do começo

meio da profanação de algo (a suspensão do uso comum dessa coisa) e a apresentação deste algo de tal forma que ele possa ser compartilhado, possa despertar o interesse e possa ter como resultado uma experiência de "ser capaz de"; de possibilidade. Isso também está ligado com métodos escolares. As TICs podem ter um potencial único para criar atenção (na verdade, a tela tem a capacidade de atrair a atenção de uma forma sem precedentes) e para apresentar e abrir o mundo – pelo menos quando as TICs são livres das muitas tentativas de privatização, regulação e comercialização. Muitas dessas técnicas são voltadas para captar a atenção e, em seguida, redirecioná-la o mais rápido possível para fins produtivos, isto é, para penetrarem no mundo pessoal a fim de aumentar o tamanho do mercado (STIEGLER, 2010). Nesse caso, podemos falar de uma capitalização de atenção, com a escola como cúmplice atraente no esforço de reduzir o mundo a um recurso. A TIC certamente torna os conhecimentos e as habilidades livremente disponíveis de uma forma sem precedentes, mas o desafio é saber se e como ela pode, realmente, trazer algo à vida, gerar interesse, ocasionar a experiência de compartilhamento (um "bem comum") e permitir que se renove o mundo. Nesse sentido, tornar informações, conhecimento e experiência disponíveis não é o mesmo que tornar algo público. As telas – assim como um quadro-negro também pode – têm uma enorme capacidade de atrair a atenção, a concentração exata, e de reunir as pessoas em torno de algo, mas o desafio é explorar como elas ajudam a criar uma presença (comum) e possibilitam o estudo e a prática. Há uma abundância de novos métodos de trabalho para planejar e testar nesse aspecto. O ditado pode ser visto como um encontro frontal com o mundo da língua e seu desbloqueio. *Hackear* não é uma espécie de encontro frontal do mundo (pré) programado e seu desbloqueio? As formas escolares de *hackear* são possíveis? Devemos experimentar as políticas em todos os níveis que começam a partir do pressuposto de que o professor se esforça para se distinguir pelo amor ao trabalho, ao assunto ou aos seus alunos – e não às políticas, nesta era de profissionalismo e competência controlada, sustentada pela suspeita ou desconfiança e que visa controlar e constantemente exigir que as escolas e os professores prestem conta de seus produtos (resultados da aprendizagem). Os professores amorosos continuam a ser os melhores garantidores da igualdade de oportunidades. Em vez de fixar-se em experiência e metodologia, pode-se explorar como dar ao *amateurismo* e ao seu léxico uma chance, e como garantir um grupo de professores *amateurs* tão diversos quanto possível, ao invés de padronizar o professor de acordo com um perfil único, um conjunto de habilidades e metodologia. Afinal, cada professor não pode inspirar todos os alunos, e é importante garantir que o aluno tenha a melhor chance possível de encontrar pelo menos um professor que transmita com sucesso a experiência de "eu posso fazer isso". Pode-se começar experimentando diferentes maneiras de dar aos professores (incluindo os professores em formação) a chance (regular) de se envolverem com o conteúdo e a matéria – o que implica a criação de tempo livre para eles. Isso não seria tempo para a profissionalização, mas tempo para se dedicarem à sua abordagem única da sua arte. Pode-se pensar sobre como evitar permitir que o foco no aluno tome o lugar da responsabilidade do professor em relação ao conteúdo e aos alunos.

E, finalmente, acompanhamos esse convite à experimentação com uma vivaz convocação a todos os pedagogos para se levantarem (novamente) e serem ouvidos. Sem

Experimentum scholae: a igualdade do começo

dúvida, muitos o fizeram e devem ser aplaudidos, mas a voz dos educadores hoje parece mais fraca do que nunca. Na verdade, provavelmente, não há nenhum título mais maltratado do que o do educador. Repetidamente, maliciosos benfeitores, ideólogos, líderes rebeldes da juventude, manipuladores autoritários, vendedores e recrutadores se disfarçaram como educadores. Hoje, os educadores só são tolerados se tiverem sido transformados em facilitadores de aprendizagem profissional que se manifestam como discípulos das ciências – nesse meio tempo cada vez mais – educacionais de aprendizagem. E, no entanto, enfaticamente, conclamamos os educadores a serem *pedagogos*, ou seja, o personagem que guia as crianças e os jovens para a escola e ajuda a moldar e dar forma à escola. Imploramos aos professores que sejam personagens que amam a escola porque amam o mundo e a nova geração; personagens que insistem que a escola não consiste em aprender, mas em formar; que não se trata de acomodar necessidades individuais de aprendizagem, mas de despertar o interesse; que a escola não consiste em tempo produtivo, mas em tempo livre; que não existe para desenvolver talentos ou favorecer o mundo do aluno, mas para focar na tarefa iminente e elevar os alunos para fora de seu mundo da vida imediato; que não se trata de ser forçada a desenvolver, mas da experiência de "ser capaz". Valorizamos os professores porque eles são os únicos que desbloqueiam e animam um mundo comum para as nossas crianças. Eles são porta-vozes para um tempo e lugar inventado como uma personificação física de uma crença: a crença de que não existe uma ordem natural de proprietários privilegiados; de que somos iguais; de que o mundo pertence a todos e, portanto, a ninguém em particular; de que a escola é uma aventureira terra de ninguém, onde todos possam se elevar acima de si mesmos. No início, pode ter sido a palavra, mas com a escola há um começo compartilhado.

Alegoria da escola
(ou a escola como é explicada para as nossas crianças)

Imagine uma sociedade em que todos são capazes de desenvolver seus talentos. Todos os talentos são igualmente valiosos e todos têm a oportunidade de desenvolvê-los em competências empregáveis. Suponha que a sociedade é organizada de tal forma que a oferta de competências está em equilíbrio com a demanda e que todos estão dispostos a desenvolver e renovar suas competências em uma base regular. Imagine uma sociedade em que a aprendizagem ao longo da vida e em toda a vida é abraçada por todos. Todo mundo está em constante movimento e tudo e todos estão no lugar certo, na hora certa. A flexibilidade e a mobilidade são garantidas – a livre circulação de talentos e competências é garantida e, por isso, também o são o desenvolvimento e a inovação da sociedade. Há centros de aprendizagem e de competência para manter essa sociedade harmoniosa. Percursos de aprendizagem personalizados são oferecidos a todos os cidadãos a fim de ajudar o cidadão-aluno a desenvolver competências ou ajudar os aprendizes menos experientes a levarem uma vida de aprendizagem. Para manter tudo isso se movendo na direção certa, são mantidos arquivos pessoais de aprendizagem, e uma moeda de aprendizagem e um banco central são instituídos para regular os serviços educacionais de acordo com as necessidades de todos. Todos os resultados da aprendizagem são cuidadosamente documentados e avaliados; todos os percursos de aprendizagem são acompanhados de perto; as necessidades específicas de aprendizagem são compiladas em listas; o grau

Experimentum scholae: a igualdade do começo

de bem-estar, felicidade e empregabilidade é precisamente monitorado. E isso desde o berço – ou melhor: desde o ventre da mãe – até o túmulo. É uma sociedade onde a transparência, a boa comunicação e um serviço de qualidade são centrais. Uma sociedade onde você é abordado desde o início como um aprendiz e onde a aquisição de uma série de habilidades básicas é assegurada como uma espécie de direito básico. Nessa sociedade, praticamente tudo pode ser e é possível – é uma comunidade de aprendizagem grande, compartilhada e em constante evolução.

Talvez não seja muito difícil imaginar esse mundo. Mas vamos realmente colocar nossa imaginação em teste: observe uma pessoa – que vamos chamar de um pedagogo – que não se dedica às crianças como aprendizes, mas as pega pela mão e as convence a segui-lo para dentro de uma caverna escura, iluminada apenas por um fogo ardente. Esse pedagogo parece ser o cúmplice de um grupo de idiotas com a intenção de acorrentar crianças a uma cadeira – e como essas crianças estão acostumadas com a luz brilhante e com a transparência da sociedade da aprendizagem, elas vão querer fugir da caverna o mais rápido possível. Mantê-las ali não parece ser nada menos do que um ato de violência e usurpação dos seus direitos básicos. Acusações formais, com certeza, acontecerão em algum momento. Mas os idiotas são incrédulos; veem as coisas de forma diferente. Chamam a si mesmos de professores. Reúnem essas crianças diante deles, uma e todas – raça e origem são irrelevantes aqui, assim como as necessidades de aprendizagem que tornam cada criança tão única no mundo exterior. Na caverna, o professor se dirige a elas como os alunos, e o professor está lá para todos e para ninguém em particular. Alerte os Serviços de Proteção à Criança! Mas é ainda pior. Imagine que esses professores projetem coisas sobre a parede de rocha e, mais ainda, que obriguem os alunos a olharem para elas. E isso sem perguntar a eles o que eles mesmos querem ver. Ao contrário, imagine que os idiotas insistem que o que eles estão projetando é importante. Não porque é útil e empregável, mas porque querem compartilhar o que consideram interessante sobre isso. E esses professores dão um passo além. Estão convencidos de que o mundo se mostra no que projetam e no que têm a dizer sobre ele. Eles estão convencidos de que só na caverna mal iluminada é possível conjurar este mundo e despertar o interesse dos alunos pelo mundo. Esses trovadores da formação têm a intenção de puxar os jovens para fora de seus próprios mundos para que eles possam começar a formar a si mesmos. Chamam para a prática e o estudo com uma intenção clara, mas sem resultados predeterminados. Eles são recebidos com apreensão na sociedade da aprendizagem. Como poderiam não ser? Esses idiotas acreditam na existência de um mundo fora do mundo da vida cotidiana e da aprendizagem. Eles merecem ser recebidos com escárnio, zombaria e até mesmo ódio. Por quê? Porque com o seu amor pelo mundo – e com eles os seus alunos – permanecem do lado de fora dos limites da economia vigente. Não apazigua os membros instruídos da sociedade saberem que tornar a economia e a acumulação de competências inoperantes é algo completamente diferente de questionar a economia ou defender a sua destruição. Ser empregável ou continuar a desenvolver novas habilidades – esse é um valor básico do público instruído que não pode, simplesmente, ser deixado de lado. Suponha, por fim, que esses professores, eventualmente, libertem os alunos de suas cadeias. Certamente, vai levar algum tempo antes que eles se ajustem ao brilho da luz do dia e sejam capazes de voltar sua atenção para a economia das coisas. À primeira vista, nada terá mudado. E isso, é claro, é munição nas mãos dos

Experimentum scholae: a igualdade do começo

críticos: alienar as crianças de seu mundo e negar a elas a empregabilidade é, em si mesmo, muito absurdo para ser expresso em palavras, sem falar no fato de que nenhum valor agregado perceptível decorreu disso. E ver como os alunos gradualmente começam a mostrar pequenos desvios: a flexibilidade vacila, a repetição do cansaço começa, alguns ficam presos em um barranco. Mais uma vez, água para o moinho: a caverna – o que mais! – corrompeu a juventude e privou a sociedade de sua flexibilidade. Mas isso não é tudo... À medida que o tempo passa, o bem-educado parece ter desenvolvido uma estranha espécie de amor, um amor voltado para ambos, os seres humanos e as coisas. Isso levanta perguntas curiosas. Arquivos de aprendizagem começam a acumular poeira. A moeda de competências de aprendizagem começa a perder o seu valor. A economia da sociedade da aprendizagem continua a funcionar. Tudo continua o mesmo, com pequenas diferenças aqui e ali. Mas suas dimensões estão totalmente alteradas porque existe um mundo fora de seu próprio mundo da vida. Apenas imagine.

OBRAS CITADAS E CONSULTADAS

AGAMBEN, G. *Profanations.* New York: Zone Books, 2007.

ARENDT, H. The crisis in education. In: *Between Past and Future.* New York, London: Penguin, 1961, p. 170-193.

CORNELISSEN, G. The public role of teaching: To keep the door closed. In: SIMONS, M.; MASSCHELEIN, J. (Eds). *Rancière, Public Education and the Taming of Democracy.* Oxford: Wiley-Blackwell, 2010, p. 15-30.

DURAS, M. *Zomerregen.* Amsterdam: Van Gennep, 1990.

ENTER, S. *Spel.* Amsterdam: G.A.van Oorschot, 2007.

FOUCAULT, M. *L'hermeneutique du sujet.* Paris: Gallimard, 2001.

FUREDI, F. *Wasted. Why education isn't educating.* London: Continuum, 2009.

GEERINCK, I. *The Teacher as a Public Figure. Three Portraits.* Proefschrift KU Leuven, 2011.

HANDKE, P. *Der Bildverlust oder Durch die Sierra de Gredos.* Frankfurt am Main: Suhrkamp, 2002.

LYOTARD, J.-F. *The postmodern condition: A report on knowledge.* Manchester: Manchester University Press, 1984.

MERCIER, P. *Night Train to Lisbon.* London: Atlantic Books, 2007.

PENNAC, D. *School Blues.* London: MacLehose Press, 2010.

POULAKOS, T. *Speaking for the Polis. Isocrates' Rhetorical Education.* Columbia: University of South Carolina Press, 1997.

RANCIERE, J. *Hatred of Democracy,* S. Corcoran, trans. London and New York: Verso, 2007.

RANCIERE, J. *The Ignorant Schoolmastel: Five lessons in intellectual emancipation,* K. Ross, trans. and introduction Stanford, CA: Stanford University Press, 1991.

RHEINBERGER, H .J. Man weiss nicht genau, was man nicht weiss. Über die Kunst, das Unbekannte zu erforschen. *Neue Zürcher Zeitung,* 5 mei 2007.

SERRES, M. *The troubadour of knowledge.* Ann Arbor: The University of Michigan Press, 1997.

SLOTERDIJK, P. *Je moet je leven veranderen.* Boom: Amsterdam, 2011.

STENGERS, I. The Cosmopolitical Proposal. In: LATOUR, B.; WEIBEL, P. (Eds) *Making Things Public. Atmospheres of Democracy.* London/Cambridge/Karlsruhe: MIT Press/ZKM, 2005, p. 994-1003.

STIEGLER, B. *Taking Care of Youth and the Generations.* Stanford: Stanford University Press, 2010.

VLIEGHE, J. *Democracy of the flesh. A research into the public meaning of education from the standpoint of human embodiment.* Dissertation, KU Leuven, 2010.

Este livro foi composto com tipografia Garamond e impresso
em papel Off-White 70 g/m² na Formato Artes Gráficas.